厦门大学百年校庆系列出版物 · 编委会

厦门大学百年校庆系列出版物

百年学术论著选刊

厦门大学文学院文化陈列所所藏
中国明器图谱

郑德坤　编著

厦门大学出版社 XIAMEN UNIVERSITY PRESS | 国家一级出版社 全国百佳图书出版单位

图书在版编目(CIP)数据

厦门大学文学院文化陈列所所藏中国明器图谱/郑德坤编著.—厦门：厦门大学出版社，2021.3

(百年学术论著选刊)

ISBN 978-7-5615-7937-4

Ⅰ.①厦…　Ⅱ.①郑…　Ⅲ.①明器—中国—图谱　Ⅳ.①K878.92

中国版本图书馆 CIP 数据核字(2020)第 203870 号

出 版 人　郑文礼
责任编辑　薛鹏志　林　灿
美术编辑　蒋卓群
技术编辑　朱　楷

出版发行　厦门大学出版社
社　　址　厦门市软件园二期望海路 39 号
邮政编码　361008
总　　机　0592-2181111　0592-2181406(传真)
营销中心　0592-2184458　0592-2181365
网　　址　http://www.xmupress.com
邮　　箱　xmup@xmupress.com
印　　刷　厦门兴立通印刷设计有限公司

开本　720 mm×1 000 mm　1/16
印张　5
插页　3
版次　2021 年 3 月第 1 版
印次　2021 年 3 月第 1 次印刷
定价　30.00 元

厦门大学出版社
微信二维码

厦门大学出版社
微博二维码

总序

厦门大学
党委书记　张彦
校　　长　张荣

二〇二一年四月六日，厦门大学百年华诞。百载风雨，十秩辉煌，这是厦门大学发展的里程碑，继往开来的新起点。全校师生员工和海内外校友满怀深情地期盼这一荣耀时刻的到来。

为迎接百年校庆，学校在三年前就启动了『百年校庆系列出版工程』的筹备工作，专门成立『厦门大学百年校庆系列出版物编委会』，加强领导，统一部署。各院系、部门通力合作，众多专家学者和相关单位的工作人员全身心地参与到这项工作之中。同志们满怀高度的责任感和紧迫感，以『提升质量，确保进度，打造精品』为目标，争分夺秒，全力以赴，使这项出版工程得以快速顺利地进行。在这个重要的历史时刻，总结厦大百年奋斗历史，阐扬百年厦大『四种精神』，抒写厦大为伟大祖国所做出的突出贡献，激发厦大人的自豪感和使命感，无疑是献给百岁厦大最好的生日礼物。

『百年校庆系列出版工程』包括组织编撰百年校史、百年组织机构史、百年院系史、百年精神文化、百年学术论著选刊、校史资料与学生名录……有多个系列近一百五十种图书将与广大读者见面。从图书规模、涉及领域、参编人员等角度看，此项出版工程极为浩大。这些出版物的问世，将为学校留下大量珍贵的历史资料，为学校深入开展校史教育提供丰富生动的素材，也将为弘扬厦门大学『自强不息，止于至善』校训精神注入时代的新鲜血液，帮助人们透过『中国最美大学校园』的山海空间和历史回响，更加清晰地理解厦门大学在中国发展进程中发挥的独特作用、扮演的重要角色，领略『南方之强』的文化与精神魅力。

百年校庆系列出版物将多方呈现百年厦大的精彩历史画卷。这些凝聚全校师生员工心血的出版物，让我们感受到厦大人弦歌不辍的精神风貌。图文并茂的《厦门大学百年校史》，穿越历史长廊，带领我们聆听厦大不平凡百年岁月的历史足音。《为吾国放一异彩——厦门大学与伟大祖国》浓墨重彩地记述厦门大学与全国三十四个省级行政区以及福建省九市一区一县血浓于水的校地情缘，从中可以读出厦门大学在中华民族伟大复兴征程中留下的深深烙印。参与面最广的『厦门大学百年院系史系列』、《厦门大学百年组织机构史》，共有三十多个学院和直属单位参与编写，通过对厦门大学各学院和组织机构发展脉络、演变轨迹的细致梳理，深入介绍厦门大学的党建工作、学科建设、人才培养、组织管理、社会服务等方面的发展历程，展示办学成就，彰显办学特色。《厦门大学校史资料选编（一九九二—二〇一七）》和《南强之星——厦门大学学生名录（二〇一〇—二〇一九）》，连同已经出版的同类史料，将较完整、翔实地展现学校发展轨迹，记录下每位厦大学子的荣耀。『厦门大学百年精神文化系列』涵盖人物传记和校园风采两大主题，其中《陈嘉庚传》在搜集大量史料的基础上，以时代精神和崭新视角，生动展现了校主陈嘉庚先生的丰功伟绩。此次推出《林文庆传》《萨本栋传》《汪德耀传》《王亚南传》四部厦门大学老校长传记，是对他们为厦大发展所做出了突出贡献的深切缅怀。厦大校友、红军会计制度创始人、中国共产党金融事业奠基人之一高捷成的传记《我的祖父高捷成》，则是首次全面地介绍这位为中国人民解放事业做出杰出贡献的烈士的事迹。新版《陈景润传》，把这位『最美奋斗者』『感动中国人物』、令厦大人骄傲的杰出校友、世界著名数学家不平凡的人生再次展现在我们眼前。抒写校园风采的《厦门大学百年建筑》、《厦门大学餐饮百年》、《建南大舞台》、《芙蓉园里尽芳菲》、《我的厦大老师》（百年华诞纪念专辑）、《创新创业厦大人二》、《志愿之光》、《让建南钟声传响大山深处》、《我的厦大范儿》以及潘维廉的《我在厦大三十年》等，都从不同的角度，引领我们去品读厦门大学的真正内涵，感受厦门大学浓郁的人文精神和科学精神。

此次出版的『厦门大学百年学术论著选刊』，由专家学者精选，重刊一批厦大已故著名学者在校工作期间完成的、具有重要价值的学术论著（包括讲义、未刊印的论著稿本等），目的在于反映和宣传厦门大学百年来的学术成就和贡献，挖掘百年来厦门大学丰厚的历史积淀和传统资源，展示厦门大学的学术底蕴，重建『厦大学派』，为学校『双一流』建设提供学术传统的支撑。学校将把这项工作列入长期规划，在百年校庆时出版第一辑共四十种，今后还将陆续出版。

『自强！自强！学海何洋洋！』一百年前，陈嘉庚先生于民族危难之际，抱着『教育为立国之本，兴学乃国民天职』的信念，创办了厦门大学这所中国历史上第一所由华侨独资建设的大学。一百年来，厦大人秉承『研究高深学术，养成专门人才，阐扬世界文化』的办学宗旨，在实现中华民族伟大复兴的征程上书写自己的精彩篇章。我们相信，当百年校庆的欢庆浪潮归于平静时，这些出版物将会是一串串熠熠生辉的耀眼珍珠，成为记录厦门大学百年奋斗之旅的永恒坐标，成为流淌在人们心中的美好记忆，并将不断激励我们不忘初心继承传统，牢记使命乘风破浪，向着中国特色世界一流大学目标奋勇前行！

张彦　张荣

二〇二〇年十二月

『厦门大学百年学术论著选刊』编纂说明

为反映和宣传厦门大学百年来的学术成就和贡献，挖掘厦大学术丰厚的历史积淀和传统资源，为学校『双一流』建设提供学术传统的支撑，『厦门大学百年校庆系列出版物』丛书下设『百年学术论著选刊』系列，以精选、重刊一批我校学者在校期间撰著的、具有重要价值的学术论著。

为此，学校设立『百年学术论著选刊』编纂组，在以校党委书记张彦、校长张荣为主任的『厦门大学百年校庆系列出版物』编委会指导下具体负责这项工作。编纂组组长：洪峻峰；成员：朱水涌、钞晓鸿、高和荣、蒋东明、石慧霞。

鉴于学校将把收集、整理和重刊我校学术论著列入长期规划，今后分辑继续此项工作，『百年学术论著选刊』系列划定选稿范围，内容为百年来在我校工作过的已故学者在校期间撰写或出版的论著，时间以『文革』之前刊印或完成（稿本）为限；确定刊印形式，为原书、原稿影印出版。编纂组于二〇一九年三月向全校各学院、研究院征集选题，同时利用图书馆及图书数据库检索渠道搜索相关文献、查找合适选题。论著的遴选侧重名家名著，同时关注民国时期稀见版本和未刊稿本，包括未曾正式出版的油印本教材。

经学院推荐、文献检索和专家筛选，学校『百年校庆系列出版物』编委会确定了四十种入选论著。我们随即展开对论著影印底本的选择和寻访，工作得到了有关图书馆、藏书家的支持和帮助。同时，约请我校各学科相关专业的专家学者分别为各书撰写出版前言，介绍作者生平学术和论著内容价值，揭示其学术史意义及在我校的学术传承。各书前言还将汇编成集，同时出版。

论著选刊工作得到了原著作者的亲属、弟子多方面的支持。部分作品的著作权尚在保护期内，我们也征得其继承人的支持并签约；个别作品无法联系到著作权继承人，我们将公布联系方式，敬请他们与出版社联系。

本系列丛书从启动到编成历时两年整。在编纂过程中，学校图书馆、社科处和出版社作为这项工作的协作单位，分别承担了大量的繁杂事务，编纂组秘书黄援生、林灿，以及朱圣明、刘心舜和校图书馆古籍特藏与修复部有关人员，做了许多具体工作。

『厦门大学百年学术论著选刊』的编纂，是对我校百年来学术文献资源的一次大规模的搜集、梳理和开发。厦大的学术底蕴和文献资源极为丰厚，第一次选刊难免挂一漏万。经过这次编纂工作的探索，学校今后的分辑整理出版规划将会更加完善。

厦门大学百年学术论著选刊　编纂组

二〇二〇年十二月

厦门大学百年学术论著选刊（四十种）

《中国文学变迁史略》　刘贞晦　著

《教育学原理》　孙贵定　编

《中国古代法理学》　王振先　著

《石遗室诗话》　陈衍　著

《历史哲学》　朱谦之　著

The Development, Significance and Some Limitations of Hegel’s Ethical Teaching（《黑格尔的伦理学说》）　张颐　著

《汉文学史纲要》　鲁迅　著

《马哥孛罗游记》　张星烺　译

《闽南游记》　陈万里　著

《厦门音系》　罗常培　著

《教育概论》　庄泽宣　著

《艺术家的难关》　邓以蛰　著

The Li Sao: An Elegy on Encountering Sorrows（《离骚》）　林文庆　译

《老子古微》　缪篆　著

《教育与学校行政原理》　杜佐周　著

《教育社会学》　雷通群　著

《国际私法》　徐砥平　著

《地理学》　王成组　著

《货币银行原理》　陈振骅　著

《文化人类学》　林惠祥　著

《教育之科学研究法》　钟鲁斋　著

《厦门大学文学院文化陈列所所藏中国明器图谱》 郑德坤 编著

《因明学》 虞愚 著

《实用微积分》 萨本栋、郑曾同、杨龙生 编著

《大学普通化学讲义》 傅鹰 著

《中国文学史》 林庚 著

《史学方法实习题汇》 谷霁光 编

《语言学概要》 周辨明、黄典诚 译著

《英美法原理》 [美] 阿瑟·古恩 著，陈朝壁 译述

《中国官僚政治研究》 王亚南 著

《西洋经济思想》 郭大力 著

《古音学说述略》 余謇 著

《明清农村社会经济》 傅衣凌 著

《隋唐五代史纲》 韩国磐 著

《会计基础知识》 葛家澍 主编

《文昌鱼》 金德祥 著

《泛函分析》 李文清 著

《胚胎学讲义》 叶毓芬及山东大学胚胎学教研组、汪德耀 编

《浮游生物学概论》 郑重 著

《海水分析化学》 陈国珍 主编

前　言

董建辉

郑德坤教授（一九〇七—二〇〇一）是我国第一代现代考古学家，与李济、梁思永、裴文中、夏鼐、吴金鼎、冯汉骥等学者共同影响着二十世纪初期中国考古学的命运。他也是中西文化交流的重要使者，毕其一生，将精心整理的中国考古学资料传播至世界各地，让中国文化更好地融入全球视野。在长达近六十年的学术生涯中，郑德坤教授治学广博，论著宏富，出版中英文论著一百五十余册，学术论文数百篇。学界称他与哈佛大学的华裔学者张光直教授为『海外中国考古学界的两大巨擘』。其得意门生、曾任香港中文大学中国考古艺术研究中心主任的邓聪博士曾将郑德坤教授一生的考古学功业概括为三点：开拓中国南方考古研究；发扬中国考古学于世界；奠基香港考古新天地，①可谓精辟周到。

一、郑德坤教授与厦门大学

郑德坤教授是地道的厦门人，一九〇七年五月出生于『钢琴之岛』鼓浪屿，一九二六年以优异的成绩考入燕京大学。在学期间，他在顾颉刚、容庚、洪煨莲、张星烺等教授的指导鼓励下，开始整理研究几种重要的古代舆地图书。一九三〇年毕业后，他于次年获得燕京大学研究院硕士学位，并留任燕大哈佛燕京社研究员，从事《山海经》

及《水经注》校读研究，同时研习古物鉴赏。一九三三年，郑德坤回到家乡，受聘于厦门大学文学院历史社会学系，讲授『中国文化史』及『中国通史』等课程，主编《厦大学报》，考证厦门大学校址历史，主持田野考古发掘，创建并领导厦门大学文学院文化陈列所。一九三六年，受哈佛燕京学社委派，郑德坤赴华西协合大学任教，主讲中国历史，并主持『田野考古』和大学博物馆工作，将馆内两万多件古物展出，作为『乡土教材』之用。所著《四川史前考古》一书，修订后在剑桥大学出版。他也因此被日本考古学家水野清一教授赞誉为『四川考古学之父』。一九三八年，郑德坤到哈佛大学攻读考古学及博物馆管理学，一九四一年获哲学博士学位，之后返回华西协合大学任教，同时兼任大学博物馆馆长。他高度重视博物馆工作，提出要使华西协合大学博物馆成为『中国标准博物馆之一』，成为现代化教育圣地、华西研究之中心，甚至是国际学术研究之大本营。一九四七年，郑德坤应邀在剑桥、牛津、伦敦三所大学循环讲学一年。一九四八年，经香港返回四川途中，因政局动荡，被迫滞留香港达三年之久。一九五〇年，应剑桥大学霍古达（Gustav Haloun）教授之邀，郑德坤到剑桥大学任教，其间广泛收集与中国考古文物有关的书籍、古物、幻灯片等，创建了独立于剑桥大学的『木扉堂』。经过二十多年的努力，馆藏图书达到五千余种、十万余册，成为当时世界各地学者研究中国考古学参考资料的宝库。同时，他于一九五九—一九六三年在剑桥大学出版了《中国考古大系》三卷。该书出版后即成为世界上研究中国考古学的名著，其日文版也被日本大学作为研修中国考古的必读书。一九七四年，郑德坤在剑桥大学退休，获颁该校中国考古学荣休教授及沃弗森学院（Wolfson College）荣休院士。

退休后，应香港中文大学校长李卓敏邀请，郑德坤到香港中文大学讲学两年，继而留任文学院院长一年，担任副校长两年。一九七八年，他在香港中文大学中国文化研究所创办中国考古艺术研究中心，担任首届主任，为香港地区的田野考古学学科建设奠定了良好基础。一九七九年，郑德坤第二次退休，但仍被邀请出任香港中文大学中国文化研究所义务主任，为中国考古学建立中心，将有关考古艺术材料整理分类，同时搜集中国古代文物。直到一九八五年末，郑德坤教授才因健康关系真正退休。[2]

在一九三三——一九三六年任职厦门大学的四年间，郑德坤教授曾撰写《厦大校址考》，以考据学的视角，深入探究厦门城市发展史和厦门大学校址的历史。他对厦门大学最主要的贡献是，推动厦门大学早期田野考古发掘，创建并领导厦门大学人类博物馆的前身——厦门大学文学院文化陈列所，培养了一批学有所长的专业人才。可以说，郑德坤教授是厦门大学考古学与博物馆事业的拓荒者和奠基人。

在田野考古发掘方面，一九三六年三月，泉州中山公园因扩大体育场建设，在旧公园西北角的小高地上暴露出方形铭文和花纹砖构造的『建筑物』，时任厦门大学历史学系教授兼文化陈列所主任的郑德坤主张进行发掘，并亲自主持相关工作，林惠祥先生也应邀参加了考古队。此次发掘出土唐代砖室墓葬四座，这批唐墓首次以考古实物为文献史料为关于中原汉人入闽的历史记载提供了实物证据，是一次了不起的考古发现。这也是厦门大学组织的福建历史上第一次正规的田野考古发掘。得益于在燕大学习工作时接受的良好考古训练，郑德坤教授将科学的发掘技术、记录程序及藏品保存方法引入厦门大学，为当时尚一片空白的福建考古工作开启了一方风气。③

在博物馆事业方面，一九三三年郑德坤教授到校后，即在原国学院古物陈列室的基础上，开始创办直属于文学院的文化陈列所，并担任主任。该文化陈列所与林惠祥教授筹备设立的人类学陈列所（后改为私立厦门人类博物馆筹备处）同为福建省内最早的准博物馆建置。当时文化陈列所的藏品分为三大部、七大类。第一部『古物』，含明器二百一十五件、古玩类六十七件、钱币类七百一十九枚、拓片类五百六十六种；第二部『人类学标本』，含台湾『番族』标本类一百零二件，照片二十张，其他类（南洋、西藏）十一件；第三部『民俗学资料』，含完整器一百四十三件及一批残器。④可见，文化陈列所兼具考古博物馆和人类学博物馆的特点，从这个意义上说，它与林惠祥先生创立的人类学陈列所同为后来成立的厦门大学人类博物馆的前身。在郑德坤教授的带领下，文化陈列所在不断充实藏品的同时，也非常重视馆藏的学术研究，受到中国博物馆协会的充分肯定。一九三五年十一月十八日，中国博物馆协会在北平组织成立。『本校文化陈列所日前接到该会来函，以该所组织完善、成绩卓著，征求加入为团体会员』⑤。日军入侵厦门后，厦门大学也因此受到重创，文物、图书受损严重。『台湾总督府』要求派人前往整理及接收藏品，文化陈列所的藏品因此被劫掠到台湾。直到一九四五年日本投降后，应厦门市当局要求，被劫掠到台湾的藏品才大部分返回厦门大学，最终于一九四七年在林惠祥先生的主持下，文化陈列所与私立厦门人类博物馆筹备处的藏品合并，在厦门大学校内举办了人类学标本展览会，并于翌年厦大二十七周年校庆时复展。⑥在此基础上，厦门大学于一九五二年成立人类博物馆筹备处，一九五三年正式对外展出，成为我国高校中第一所大型的人类学专业博物馆，就此奠定了厦门大学的人类学、考古学博物馆建设在我国高校中首屈一指的重要地位。

在培养专业人才方面，据已故著名考古学家、厦大教授庄为玑回忆，一九三〇年开始就读于厦门大学历史系的他，受郑德坤教授影响甚深，视其为自己『早年的学术引路人』。一九三五—一九三六年，郑德坤教授推荐庄为玑的两篇论文《方志改革刍议》和《泉州方志考》在《厦大学报》上发表，奠定了后者从事方志研究的基础，使其终生致力于泉州学的研究。在郑德坤教授和林惠祥教授的共同带领下，庄为玑参与发掘泉州中山公园（体育场）唐墓，从中学会运用考古学方法印证补订文献中的记载与阙讹，为其后来的史学研究开辟了新的途径。中山大学人类学系的开创者梁钊韬也是郑德坤教授在厦大任教期间的学生。

二、《厦门大学文学院文化陈列所所藏中国明器图谱》及其价值

明器，又作『冥器』『盟器』，是专为死者随葬而制作的器物。一般用陶土、竹木或石头制成，也有一些是用玉、金属、纸等材料制成，用以安慰死者之灵。《仪礼·既夕礼》曰：『陈明器于乘车之西』；⑦《礼记·檀弓》也说：『夫明器，鬼器也；祭器，人器也。』⑧可见，明器仅供鬼神之用，不具有太大的实用性，也没有修身治国的大道理蕴涵其中，所以之前的中国治古学者基本视之为无足轻重之物，对历代出土极多的明器鲜少注意。一九〇五年以后，洛阳附近的古迹发掘中出土的大量明器引起了学界广泛关注，明器研究的学术意义也逐渐受到重视。正如厦门大学林文庆校长所言，『明器虽为墓中物，然颇关学术文化；考古学者资为研究，历史学者藉以参考，古

代宗教思想、社会制度以及风俗习惯，文化交通等等，均可由明器得见其大概』[9]。明器之于学术研究的意义由此可见一斑。此后，中外人士不仅争相发掘、收集明器，也出版了相关研究著述，一九〇九年，劳费尔（Berthold Laufer）有《汉陶》（*Chinese Pottery of the Han Dynasty*）出版；一九一六年，罗振玉先生出版了《古明器图录》四卷，主要辑录其本人所藏之明器；一九二四年，滨田耕作著《支那古明器泥象图说》；一九二八年，亨策（Carl Hentze）著《中国明器》（*Chinese Tomb Figures: A Study in the Beliefs and Folklore of Ancient China*），等等，对明器的研究一时蔚然成风。

郑德坤教授对明器研究的兴趣始于其一九三一年在燕大学习时，随容庚、顾颉刚教授访古到洛阳，目睹了当地人民劫墓的技术及出土的古物。容庚教授在当地为燕大国学研究所购买汉、六朝、唐明器数十种，引起了青年郑德坤的兴趣。同时，他又看到龙门千佛崖、巩县石窟寺及正定大佛寺的刻像，认为颇足与当代明器相印证。回校后，郑德坤将所得与诸图谱比较，考诸经籍，探讨其制度，研究其艺术，并做系统叙述。恰好沈维钧先生著有《明器制度考》，慨然将书稿见示，并允许郑德坤任意使用。郑德坤因录其稿不下十余条，并在著作《中国明器》一书中记其名，以志合作。[10]一九三三年，郑德坤和沈维钧著《中国明器》被选为《燕京学报专号之一》。此书论述了从仰韶文化到明清各时期明器的组合状况、风格特征，并从社会生活、宗教文化、工艺技术多方面探讨其成因，文献与考古『二重证据』互证，堪称我国明器系统研究的开山之作。二十世纪五十年代，《中国明器》一书也被早稻田大学选用为中国考古学课本。[11]

回到厦门大学任教的郑德坤，仍然延续了他在哈佛燕京社的研究兴趣。在时任厦门大学校长林文庆的提议下，他着手整理、考订本校于一九二五—一九二六年应国学研究所设立之需要，而派员前往华北搜集所得的二百一十五件明器标本，最终形成了这本《厦门大学文学院文化陈列所所藏中国明器图谱》（以下简称《中国明器图谱》），于一九三五年十一月由厦门大学文学院专刊出版。

《中国明器图谱》卷首以『中国明器史略』为开篇，概述了中国明器发展的历史；继而依次考证注释了二百一十五件明器中的一百三十一件（重复器皿多不辑录），其中先秦明器一件、汉代明器三十五件、六朝明器十一件、唐代明器八十四件，客观详实地记录了文化陈列所主要馆藏明器的形状、材质与内涵；最后附录各明器照片，让读者对所辑录的明器标本能有直观感受。诚如林文庆校长在序言中所言：『此次将本校所藏明器编成图谱，据《中国明器》一书，叙明器历史以冠其者，使多年收藏僻岛之古物，得与中外人士见面，是则本校开办文化陈列所之本意也。』[12]《中国明器图谱》的出版，既开创了厦门大学博物馆馆藏研究之先河，又将厦门大学的考古学研究呈现并融入国际主流学术界。

令人遗憾的是，《中国明器图谱》所辑录的这批珍贵的明器标本，因为日本侵华战争的全面爆发而部分破损，部分被劫掠到台湾。台北帝国大学（今台湾大学前身）土俗人种学研究室宫本延人曾于一九三八年随移川之子藏教授、神田喜一郎教授一起，奉『台湾总督府』之命，被派往厦门大学接收和整理遭炮击毁损的藏品。据宫本延人本人回忆：『由墙壁的损坏情形来看，日本海军的攻击似乎不是用巨大型的舰炮，而是用小口径的炮。标本室内所有的玻璃都散碎在地上，陈列柜内几乎看不到任何东西。……散落在地板上的陶俑显然都是中国古代的明器，可惜多半都已破损。不过其中包括有可以修理复原的精品，也有一些完整品。』[13]尽管一九四五年日本战败后，大部分标本复归厦门大学，只有少数几件仍留存于台湾大学人类学系，但《中国明器图谱》一书中所辑录之明器标本却留存甚少，唯有此书仍可助我们一窥郑德坤先生当年在厦门大学辛勤耕耘的『雪泥鸿爪』。

斯人已去，尺牍留香！二〇〇一年四月六日，郑德坤教授离开人间，恰逢厦门大学八十周年校庆，何其巧合。我们在纪念厦门大学一百周年校庆时重新出版其在校期间所编撰的《厦门大学文学院文化陈列所所藏中国明器图谱》，又何尝不是一种纪念与传承！

注释：

①邓聪：《悼念郑德坤先生》，郑德坤：《郑德坤古史论集选》，北京：商务印书馆，二〇〇七年，第七五八～七六一页。

②黄文宗：《郑德坤的生平》，郑德坤：《郑德坤古史论集选·序言》，北京：商务印书馆，二〇〇七年，第二～四页。

③吴春明：《郑德坤教授对厦门大学的学术贡献》，郑德坤：《郑德坤古史论集选》，北京：商务印书馆，二〇〇七年，第七六八～七七四页。

④《文学院概况》《文学陈列所》，《厦大周刊》第一三卷一九期『厦门大学十三周年纪念专号』，一九三四年四月六日。

⑤《本校文化陈列所加入中国博物馆协会为团体会员》，《厦大周刊》第一五卷一四、一五期，一九三六年一月四日。

⑥宋伯胤：《林惠祥与人类博物馆》，《人类学研究》（试刊号），厦门：厦门大学人类学系，一九八五年。

⑦阮元校刻：《十三经注疏》，北京：中华书局，一九八〇年，第一一五一页。

⑧阮元校刻：《十三经注疏》，北京：中华书局，一九八〇年，第一二九〇页。

⑨郑德坤编著：《厦门大学文学院文化陈列所所藏中国明器图谱·林校长序》，厦门：厦门大学文学院，一九三五年，第一页。

⑩郑德坤、沈维钧：《中国明器》，北平：哈佛燕京社，一九三三年，第一页。

⑪黄文宗：《郑德坤的生平》，郑德坤：《郑德坤古史论集选·序言》，北京：商务印书馆，二〇〇七年，第二～四页。

⑫郑德坤编著：《厦门大学文学院文化陈列所所藏中国明器图谱·林校长序》，厦门：厦门大学文学院，一九

三五年，第一页。

⑬［日］宫本延人著：《宫本延人口述——我的台湾纪行》，宋文薰、连照美译，台北：南天书局有限公司，一九九八年，第一七一页。

作者董建辉，厦门大学人类博物馆副馆长，人文学院历史系教授、博士生导师。

A Catalogue of Chinese Mortuary Objects
in the
Ethnological Museum of the University of Amoy

By Cheng Te-K'un, M.A.

Curator of the Ethnological Museum and Assistant Professor of Chinese History

廈門大學文學院專刊

鄭德坤編著

廈門大學文學院文化陳列所所藏

中國明器圖譜

廈門大學文學院出版

民國廿四年十一月

Published by the College of Arts
University of Amoy
November, 1935

郑德坤编著《厦门大学文学院文化陈列所所藏中国明器图谱》，影印底本：厦门大学文学院一九三五年十一月版，原书尺寸：190 mm×270 mm。

A Catalogue of Chinese Mortuar Obj ts

in the

Ethnological Museum of the University f Amoy

By Cheng Te-K'un, M.A.

Curator of the Ethnological Museum and Assistant Professor Chinese History

厦門大學文學院專刊

鄭德坤編著

厦門大學文學院文化陳列所所藏

中國明器圖譜

厦門大學文學院出版

民國廿四年十一月

Published by the College of Arts
University of Amoy
November, 1935

本書作者著述目錄

中國明器，燕京學報專刊之一，北平哈佛燕京學社出版，定價一元。
水經注引得，引得第十七號，北平哈佛燕京學社出版，定價十元。
重編楊氏水經注圖，稿本。
水經注研究史料匯篇，稿本。
水經注引書考，稿本。
水經注故事鈔，稿本。
標點水經注，稿本。
水經注板本考，見燕京學報第十五期。
水經注書目錄，見圖書館學季刊第九卷第三期。
水經注引書類目，見厦大圖書館館報第二，三期。
水經注趙戴公案之判决，稿本。
關於戴震之水經注校定，譯文，森鹿三原著，稿本。
山海經，上海神州國光社排印中。
山海經及其神話，見史學年報第四期。
山海經在科學上之批判及其作者之時代考書後，見燕京學報第七期。
禹貢川澤變遷考，見顧頡剛尚書研究講義，北平景山書社出版，定價二元。
層化河水流域地名及其解釋，見燕京學報第十一期。
月氏爲虞後及氏和氐的問題，見燕京學報第十三期。
研究經濟地理計劃芻議，見東方雜誌第三十卷五期。
治理黃河之我見，見東方雜誌第三十卷二十四期。
近百年來中國史學與古史辨，譯文，韓慕義原著，見史學年報第五期。
中國上古史，講義本，厦門大學講義課印。
中國文化史經濟篇，講義本，厦門大學講義課印。
中國歷史地理，講義本，厦門大學講義課印。
穆天子傳，英譯，見上海亞洲文會會報一九三三年及一九三四年。
直豫魯三省訪古記，英文本，見燕京學報英文副刊第一號。
中國上古史料目錄學，稿本。
中國維新史綱要，稿本。
地圖底本甲種，五十六幅，北平禹貢學會出版，每幅定價單色一角，套色一角二分。
地圖底本乙種，二十三幅，北平禹貢學會出版，每幅定價單色一角，套色一角二分。
鴉片戰爭鐵炮考，英文本，見中國科學美術雜誌，一九三五年。

廈門大學文學院
文化陳列所所藏

中國明器圖譜

鄭德坤編著

廈門大學文學院
文化陳列所所藏

中國明器圖譜

目錄

林校長序

明器雖爲墓中物，然頗關學術文化；考古學者資爲研究，歷史學者藉以參考，古代宗教思想、社會制度以及風俗習慣，文化交通等等，均可由明器得見其大概。淸末以來，華北古墳屢遭刼奪，明器出土極夥，中外人士爭相購買，本校于民國十四，十五年間適有國學研究所之設立，遂派員前往搜集，得明器頗多：上起三代，下迄隋唐，凡二百一十五器，考訂編號，陳列于古物陳列室焉。嗣以該院停辦，古物陳列室歸併於文學院，由文學院派員管理。其後屢事發展；明器之外，又得瓷器，瓦當，錢範，壁畫，銅器，錢幣及碑石拓片等等頗多。又以地理關係，從事收集人類及民俗學之標本，如台灣番族之用具，南洋土人之器物及閩南民俗資料等，所得或百餘種，或數十種，皆可爲研究民俗者之參考。

民國二十二年冬，因古物陳列室所藏非祇古物，改名文化陳列所，聘文學院教授鄭德坤先生爲主任，計劃發展。鄭先生在北平哈佛燕京學社研究多年，尤富古物學識。曾親履芒洛之間，觀鄉人刼墓之法，得證古物，考諸經藉，學通中外，著中國明器一書，極博學者之稱譽。此次將本校所藏明器編成圖譜，據中國明器一書，敘明器歷史以冠其首，使多年收藏僻島之古物，得與中外人士見面，是則本校開辦文化陳列所之本意也。因爲之序。

民國廿三年十月廈門大學校長林文慶序

識　言

本校所藏中國明器凡二百十五種，本圖譜所錄僅百三十一：三代器一，漢器三十五，六朝器十一，唐器八十四，重複器皿多不錄焉。

本圖譜之編輯係林校長所提議，請林惠祥教授主理照相事宜，書成又爲之序，詳述本所之沿革。本圖譜之編成，二先生之力也。謹記其事，以誌謝意。惜廈門銅版，鑄造不精，圖像細緻之處，多迷糊不清，讀者請參校圖說可也。

本圖譜所錄明器，頗可補拙著中國明器一書之未備，中國明器史略一文係節錄重訂前書所敍考證，以爲讀者之參考。

民國二十四年十一月十八日鄭德坤識於廈大

中國明器史略

原人信仰人死卽變爲鬼神，都到另一個世界去居住。活的時候自然需要奴婢，僕役，屋舍，牛馬等；死後到另一個世界去，也以爲需要這些養生的工具。因此人死了之後，他的親友便預備了許多東西—明器—倍葬在墓中，用以安慰死者的靈魂。明器的起源就是本於這種原人的信仰，所以在未有歷史的時代已經有他的存在了。

在中國，明器之名，還有許多別的名稱。禮記的『鬼器』，周禮的『凶器』，鄭玄注儀禮稱『藏器』：這都是明器的總名。周禮的『鑾車』及『象人』，禮記的『塗車』及『芻靈』，孟子的『俑』，說文的『偶』：這都是明器分類的名稱。

以生人所用的器具和奴婢殉葬，本也可以稱爲明器，而帝王以及貴族富紳的墓中，也屢有發見。但是歷來的學者不以明器稱之。銅器有銅器的研究，玉器有玉器的研究，漆器石器等都自立門戶，所以現在明器二字通指瓦器而言。學者仍然以明器爲名，而不改稱瓦器，乃是因爲明器是神明之器，不能合人類通用的瓦器混爲一談。

這種神明之器的應用，是世界原始民族一種極普通的現象：希臘民族有之，埃及民族也有之。在中國，明器的應用很早。一九二二年安特生博士在河南澠池發掘仰韶遺址，得殉葬器物很多。後兩年，他又在甘肅發掘，又得到許多明器。可見史前的中國人已經有用明器的習慣了。這些史前的明器，瓦器之外，還有石器，骨器及其他器皿。瓦器的特質是帶彩的，和日常用具異。漢代明器也是塗白着彩，也許是史前風習的遺留，然花紋上因時代的不同有繁簡的差異。仰韶期瓦器上的花紋，安特生以爲有一種『喪紋』，很值得注意，殉葬的陶器上幾乎無器無之，而同時的家用器皿便沒有這種痕跡，因以推定他是一種和葬禮有關係的喪紋。惜時代悠遠，喪紋的意義及其起源，現在都無可考了。

關於三代明器的傳說，禮記檀弓篇以爲三代喪禮不同，喪葬又異，所以明器之用各有其制。這是周末學者的推測，未可深信。陳澔注禮記便放大來講，說那時有塗車，有芻靈，還有木偶內設機關，面目活動，四肢會做種種舞蹈的姿勢。這些話沒有實物爲證，我們只好放在一邊。

夏代遺址，未經發現，夏代歷史尙難證實，其明器制度殊不可考。羅振玉著古明器圖錄載三代明器，俑二器六，本校所藏梟尊一（見圖一），與羅氏所錄頗相似，也可以認爲三代遺物。然羅氏未詳其審定理由，今細察其製作，實較漢器古拙，形態幼稚，應是漢以前遺物。但三代上下千餘年，這種審定殊嫌空泛。這些器物的出土沒有考古學上的佐證，只好付諸闕疑了。

三代明器當以安陽發掘所得的爲最可靠。安陽小屯是殷代遺址，中央研究院用科學方法從事發掘，一九二九年秋，發現了四處墓葬，都用銅器殉葬。其中三個是俯身葬。經過李濟先生精細的考察，斷定俯身葬是中國銅器時代中期的一種習慣，和殷墟文化時代的距離不遠，因爲殉葬物的形制大部份與殷墟文化層中所出的近似，尤可注意的是瓦皿，瓦罍，瓦鬲及銅觚的花紋。尸身是用蓆子蓋的，沒有棺材的痕跡，或用紅色塗尸身。這種葬法在殷都從此地他遷後，仍繼續了些時，但在青銅時代完了以前已經改成仰身葬了。據此可知殷民族的一種葬法。這些墓中所出的明器有銅戈，銅觚，銅爵，罠足皿，又有瓦爵，瓦觚，瓦罍，瓦鬲以及其他石器，並沒有所謂塗車芻靈等物的遺跡。

周代的墓葬也未經考古家的發現，然西京雜記載漢廣川王盜掘周墓數事，所謂明器，石器之外有銅器，鐵器以及金玉襍具，捧燭石人等，頗爲豐富奢侈。惜實物失傳，現在也無考了。

秦始皇營驪山，奢侈鋪張，實開後世帝王厚葬的先聲。漢承秦之後，明器的種類漸次豐富，帝王且設「東園匠令丞」來主作陵內器物。文帝好黃老之言，提倡薄葬，其治霸陵全用瓦器，因此瓦質明器之用，歷代相傳，未甚改變。然厚葬的用意，對生者可以示富，對死者可以盡孝，明器增多之風，終不稍殺。後漢書禮儀志所記或多至百餘器，可見漢代明器之盛了。

近來漢代古墓多被掘奪，明器充斥都市，中外學術機關，多有搜集，以爲標本。學者發掘所得，也頗不少：日人鳥居龍藏氏，島村孝三郎氏，濱田耕作氏等在南滿州，英人樸魯克氏及士倫司氏在四川，法人巴曼底兒氏在安南，日人關野貞氏，黑板氏，村川氏等在朝鮮，蔡寒瓊夫婦在廣州，都有重要的發現，他們詳細的報告可爲學者的參考。

本校所藏漢代明器共五十六種，本圖譜所錄三十五器，說詳圖說。漢代藝術的風格，可以自然主義包括之。銅器這樣，畫像這樣，明器也未嘗不是這樣。其作品不論是人物，是器具都有一種切實的模型。譬如犬像，不論他是立着，臥着或別的姿勢，都極忠實的表現他站着或躺着的樣子。這種切實忠誠的表現，往往失於死板單調，漢代的藝術都脫不了這種氣味。又因陶工技術未完全發達，是以人物在藝術上不能佔有很高的位置，不像唐像那麼自由浪漫了。

漢代明器的土質，細分之有三種。第一是黝黑色的泥土，這種器不着釉，而多塗白粉，粉上畫了各種顏色。第二是質地頗鬆，顏色紅灰的泥土，這種器着綠釉而帶虹色。其質與黝黑色泥土相同，因受火的程度較高，土內的鐵質發生化學的變化而成紅灰色。其灰色程度的深淺，大概是以水分的多少爲轉移。第三是一種很脆，白色近朱的泥土，着淺綠釉，也帶虹色，但是這類明器較少見，第二十八圖漢奩就屬這類。

綠釉是漢代明器重要裝飾之一。本校所藏的樓(圖三六)及灶(圖三四)就是這種裝飾。普通即以博山爐及環獸壺等的帶綠釉爲最多。蓋漢代是自然主義佔有勢力之時，博山爐環獸壺都是銅器的模倣，用綠器正可以更自然的表現銅器的滑亮。綠釉的發明就是中國瓷器的起源。

漢代明器的裝飾，第二種是塗白。塗白畫彩的裝飾，史前的明器已經有了，其圖案雖因工具的不同，有繁簡的差別，然其根本樣譜頗相同。本校所藏的鼎(圖二七)奩(圖二三)釜(圖二六)壺(圖二四及二五)都是這種裝飾，和甘肅考古記中的畫缽很相像。漢俑多數也是畫白塗彩的。

漢明器有許多是幾何方式凹凸紋的裝飾。本校所藏的豆(圖二二)是雷紋的，井(圖三〇)是斜方形的，灶(圖三四)是雙雷紋的，還有一井(圖三二)是馳獸的凸雕，也是漢代銅器上常見的裝飾。此外漢代明器的裝飾還有文字，蓆文等等，但不甚重要。

人民使用明器的信仰習尚，到了魏晉六朝並未改變，杜佑通典記晉代墓中物，種類頗繁。歷來魏晉六朝古墓的被掘，數當不少，然未有作詳細記載的。中央研究院發掘殷墟，發現不少隋唐冢墓，但以注意力集中於商代，所發現隋唐遺物，暫未作詳細報告。第一期安陽發掘報告說有一個屈肢的隋墓，其中出土殉葬器物多種。第二期報告又說在隋卜仁墓中得明器多種，惜又未作說明。一九三一年冬，同學胡君肇椿在廣州發掘東晉塚。也得到葬器頗多，很可爲研究的參考。

本校所藏六朝明器共十五種，本圖譜所錄十一器，說並詳於圖說。六朝明器上承漢代之盛，下啓唐代之繁，在風格上像漢的固然很多，而像唐的也很不少。要在這發展過渡時間劃出一個時期來，未免十分勉强。魏以後明器的土質是黝黑而堅粗，與漢代所用同。其泥像之外還畫了赤藍綠等色。器具之用漸少，而人俑之用漸多，遂啓唐代人物製作之盛。然而明器的發展，這一期確有他特殊的裝飾與製法，不與漢同，也與唐異。

六朝是中國藝術一個很重要的時期。在這期中，有兩種重要的藝術成功。一是書法，一是雕刻。因書法進步，所以六朝明器雖與漢同塗白畫上顏面及其他仔細部份，但其筆畫的精細則遠在漢器之上。其顏面表情的描寫，衣服重疊的表現，其模倣的準確，沒受過書法訓練的恐怕不很容易成功。因雕刻精美，所以六朝明器泥像便超脫了漢代古拙的技術，為唐代近雕刻的泥像的先導。

六朝立俑，其脚部不像漢俑作喇叭狀。有漢俑古拙的遺風，又近唐泥像的範疇。其最顯著的特徵是扁平性、有型製手法幼稚的遺風，而不是兩半相合的。其製作上最大的進步是身體各部同時由一模倣出，不是各部造成，後來才相接起來的。這在技術上是比較忠實，而唐像反而復到漢的路上去了。

六朝土俑有一種戴圓帽，穿濶袖衣，裳纏在裙上的（圖四二）。這種服裝彷彿洛陽龍門和鞏縣石窟寺等壁上所刻的游行浮雕的人物，由此也可證其為六朝遺物。

六朝土俑，身體細長，與唐俑不同。唐俑頭部比身體多為五分之一以上，而此像都不過五分之一，所以看來常有頭頸太長之感。然而又不像漢俑的古拙，太不配稱似的。其衣紋的皺襞，多以重疊的並行線畫成，與漢同，而又不像漢的簡單。由其側線看來，腰部稍挺出，不像唐俑的挺直，又不像漢俑的粗笨，其面形狹長，嘴唇含有一種微笑，不及唐的逼真，又不如漢的呆板。

六朝土俑的特質，正可與當時佛像盛行，風俗趨向相反映。土俑由佛像的影響而更發達，佛像由土俑而益顯其重要。這是中國雕刻史上一件很有興趣的現象。

六朝明器，人物之外，其他器具最難判別。魏晉的像漢，隋的像唐。本校所藏的車（圖四五），購置時據說是魏墓出來的，與漢頗相似，土質也承漢之舊。又有井（圖四五），是隋墓出土的，其製作技術已與唐同，而土質也與唐一樣，然而他未着釉，顯與唐器少異。六朝明器的製作，其注意力完全傾於人俑的急切發展，而不甚注意器具，故一方面啓發了唐俑的全盛，另一方面又造成唐器物的衰頹。

唐代是中國藝術的黃金時代。當時明器和葬儀同時發展，又藉着前期技術上的預備，及滿足美術欲求，明器的製作遂發展到最高的焦點。初唐盛唐國計充裕，人民生活日益奢侈，葬儀遂日益舖張，唐會要和唐六典載當時厚葬之風極盛，或竟破產傾貲，舁明器遊行街衢，以炫燿路人。這都是造成明器全盛的主因。

唐代明器的出土，以河南陝西爲最多。一九一〇年日人濱田氏，在洛陽附近發掘唐墓，得素燒着彩明器十餘件。洛潼鐵路建築的時侯，英工程師也得到唐器很多，現於藏大英博物館。其後英人葉茲氏也在河南調查唐墓的發掘。他說唐代明器的大者和人體相等。可見唐代明器製作的精妙了。近數十年來，唐墓被刼何可勝計，中外學術機關收藏頗備。本校所藏共百四十四種，本圖譜著錄八十五種，說詳圖說。這些明器最可注意的是幾件胡俑，有的是非洲的黑奴（圖九一及九二），有的是亞拉伯人，有的是猶太人，可見唐代中西交通之盛了。

唐代明器和漢代六朝明器，最顯著的分別是質地的不同，唐代泥土多爲白色，而六朝以前是黝黑色的。唐代紅色土質的人俑多不帶彩釉，白色的都加上各種彩釉，形像鮮麗。唐代是瓷器成熟時代，衆彩釉的應用是瓷器的一大進步，而製作陶俑的技術便藉此而別開生面，登其極峰。漢代的釉只有黃綠色，薄則黃綠色，厚則近櫻色，唐代是個浪漫時期，綠釉之外又有黃紅赤青白各色。在這浪漫期中施釉于人物動物，不獨不違實際，且覺得愈與實際吻合，因此彩釉之用日繁，甚至于豔麗得討厭了。

唐明器普通都是模型製的，型有二．人物則一面一背，動物則兩半中分，製出後合爲一器，不像六朝的單型，而呈扁平性。六朝土俑或是接頭的，唐像則除甲冑武士外沒有這種做法。人像馬像多是空腹，底下開口，內部襯補指紋分明得很。其顏面衣紋多出于自由的手法，與佛像的雕刻畧相似。在技術方面實爲空前絕後，作者用自巳的意見任意詩示，這是個不可磨滅的事實。

唐明器的精華是人馬像。人像中女俑比男俑多。其形體不像六朝的細長而愈逼眞 。其塑造的手法和塑造的泥土相調和是這時期最可注意的風格・唐像不論大小都出於陶人的修飾，是陶人的手指塑造出來的。他用器具在這泥土上畫了一大紋，或用拇指使勁一按，都有作者的意義在着。他們最善於運用長而軟的曲線，以表示美點。譬如駱駝長頭，他們便在頸上畫了許多曲線，來表現駝頸的長。又如馬低着頭使勁要向前衝，他們便把頸子往上蹴，其結果雖蹴得過大，失了比例上的平和，然作者所要表示馬頸的力量和向前的神態却淸楚楚的表現出來了。這是作者注意觀察的深刻，而很自由的，不顧一切的把他們所看到的美表現出來。換言之，好的唐代人像獸像都帶有作者的個性，這是唐明器浪漫化的一個原因，而也是許多空想的神像可以發達的理由。

漢代的土俑，男女很難分別。唐則不然：男有男性，女有女性，絕對不含糊。男的武裝有武人的氣概，文裝有文人的神情；僮僕有粗賤的樣子，優伶有戲子的恣態；胡俑則高鼻凹目，黑奴則厚唇捲髮：這都是絲毫不能糊混的。女的也是這樣，胖的瘦的，尊的卑的，獨立舞蹈的，騎馬打球的，都有他們個性的表現。唐代明器的成功這是重要的一點。

因爲葬儀的舖張，明器的風味輒變，而其最容易變化的莫如彩釉。在這種情形之下，其像往往爲彩釉而犧牲。彩釉日新月異，像的塑造便漸次失掉他們的眞摯性而無生氣了。這是唐明器衰落的一個大原因。彩釉施於魌頭和方相等怪物可以增加他們的神祕，然施之於人像獸像，則徒然失眞，而衣紋及其他輪廓也失其脫利性了。所以唐代是明器藝術成熟時代，同時也是衰落開始的時代。

唐以後明器陪葬的習慣並沒有絕滅，這種風俗到現在還繼續着。然其製作技術忽急亟的退化，人民對於明器的熱心驟然喪失。五代宋以後的明器雖有發現，然已不及唐代之盛了。一九〇三年，美人奮爾樊特氏在山東發掘宋明墓葬，宋墓中得陶器多種，製作頗劣，明墓則無明器居多。一九二三年奉天發現金遼古墓，所得石俑陶瓶，製作也極劣。一九三〇年北平燕京大學發掘明墓，得骸甕瓷器數種，製作雖佳，然器數已不多。降及清代民國，明器陪葬的風俗幾乎滅跡了。

唐以後明器衰退，製作技術退化外，還有別的兩種原因。明史禮志對於明器有一定的制度，器多以木代陶，木入地不久即朽腐，因此發掘宋以來古墓，多不見明器，這是一。宋趙彥衛雲麓漫鈔說古代明器，宋以紙爲之，稱爲冥器，錢稱冥錢。宋以後燒紙紮的風俗極盛，明清尤甚。紙做的宮室奴婢車馬，一燒便完。以紙代陶，這或者是經濟上的關係，然明器由墓中移出墓外，陳列以耀衆，這是二。明器的風俗經過這兩種改變，便一落千丈了。

明器爲神明之器，陪葬墓中，以供死者神靈的使用。這是本着死者有靈的信仰而產生的，在史前已有他的存在。其演化自史前的仰韶期到現在，未嘗間斷。秦以前是明器萌芽時期，塗車芻靈之外，多用日常器具而加畫塗彩，漢魏六朝是明器發展時期，以模倣一切日用器具爲技術上的準備，而成功了器物的作品。又經過六朝，受着國內藝術及佛敎雕刻的影響而漸次發達。唐代是明器成熟時期，得前期傳下來的製作經驗，技術爛熟，又得西方藝術的影響，遂特別自由發展，而登其極峰。但是成熟時期也就是衰落時期的發端，宋以後明器便漸次衰頹，而人民的熱心遷移到紙的冥器了。這是明器制度及其製作演變的大概。

明器雖爲墓中物，然其自身研究外頗關學術文化。在宗敎上可以考究民族的信仰；在歷史上可以反映歷代的典章制度，社會情形及衣冠的沿革；在民俗上可以表現地方性的風俗；在美術上可以代表陶器和雕刻一部份的進步；甚至中西交通的步驟和文化交換的狀況，也可以由明器的演化而得見其大概。

圖說

1 三代梟尊

尊與羅振玉古明器圖錄卷二所著梟尊頗相似。尊身作梟形，兩脚在前，尾在後，滿身羽紋翅紋，空腹，頭作塞子。土質爲黝黑泥土，合兩半模型爲一器。頭部土質淡黑色，製作頗劣，疑爲估人所配製。器高六點五英寸。

2 漢跪俑

俑作跪狀，兩手殘折，貌頗文雅，髮打髻於後。土質黝黑，着白色及他彩裝飾，多已脫落。高五點五英寸。

3 漢舞俑

俑作舞勢，左手持裙，右手高舉，右足略舉，頭向後轉，衣闊袖衣，褲亦寬大，髮作三髻。土質黝黑，着白紅兩色彩。高四點二英寸。

4 漢樂隊俑

俑跪奏樂，兩掌展開如持樂器勢，掌合四指爲一，製作頗劣，面部除鼻子外，均極迷糊，頭戴冠。土質黝黑，着白紅兩色彩，空腹，合兩半模型爲一器。高四點五英寸。

5 漢舞俑

俑雙膝略屈，首略向前，面部用朱筆畫出，手部有孔，適以接手之用。土質黝黑，塗白紅彩，製作甚劣。高三點五英寸。

6 漢樂隊俑

俑跪奏樂，左手按琴，右手作彈勢，琴狀似今之七弦琴。土質黝黑，塗白粉，製作甚劣。高三點五英寸。

7 漢樂隊俑

俑立奏樂，左手捧一方形樂器，右手高舉。衣長袍，冠與前數俑略異，前者平頂，此在平頂之上又增圓形球。土質黝黑，塗白紅彩，製作亦劣。高三點八英寸。

8 漢舞俑

俑雙膝跪，首略向前，手部亦有孔。土質紅灰，塗白紅彩，製作亦劣。高三點五英寸。

9 漢男俑

俑作立狀，戴冠，面貌文雅，闊鼻多鬚，穿闊袖衣，兩手捧胸，袖下垂，裳下露兩鞋頭。土質黝黑，塗白紅綠三彩。腹空，製作頗佳。高十五英寸，爲本校所藏漢俑之最大者。

10 漢女俑

俑立，膝略前屈。衣長袍，腳部作喇叭狀，兩手捧腹，袖狹，容頗文雅，帶頭巾。土質黝黑，着白紅淺紅及黃色等彩，領袖及裙腳並以紅彩表出。高十二點二英寸。

11 漢舞俑

俑作舞勢，腳部後屈，身挺前，右手下垂，左手殘，頭大於身，帶頭巾，結髮於後，面貌柔和。土質黝黑，着白紅及淺紅三彩，製作呆板。高九點五英寸。

12 漢男俑

俑作立狀，衣長袍，脚部作喇叭狀，兩手捧胸，袖狹，面部清楚，五官俱備，結髮於頂，緒右垂。土質黝黑，着白紅彩，空腹。高八點五英寸。

13 漢臥犬

犬作臥狀，四脚投地，尾放直，頭抬舉，口張，耳豎，製作雖劣，神勢活跳。土質黝黑，身着白彩，口鼻耳頸等部着紅彩。由尾至左前脚長九點七英寸，高三點七英寸。

14 漢坐犬

犬作坐狀，尾倒曲作半圓形，後脚屈坐，前脚亦略屈。製作不佳，頭似馬頭。全身黃土凝固，頭部迷糊不清。土質黝黑，空腹。高五點三英寸。

15 漢鷄

雞作立狀，冠矮，尾長，頭部略具眼喙，身上畫四直線以表示羽翅，脚部特大，以便停立。土質黝黑，合兩半模型爲一器。高六點二英寸。

16 漢兕

兕作前衝勢，頭狀如牛，頸生三角，一殘，背上有四圓扁形肉峰，尾長倒曲，蹄亦如牛，全身肌肉豐滿，表示力量偉大，四脚停立表示步驟穩固。製作雖粗，神情煥然。土質黝黑，塗白粉。高八點四英寸，長十一點五英寸。

17 漢牛車

車雖殘，然各部俱全。車蓋稍作穹形，前面洞開，背面開一窗，車身高六寸，寬五寸半，輪直徑五寸半，柄長十四寸半，所駕瓦牛長九寸，高四寸半。土質黝黑，製作比例頗佳。此種牛車與現在閩南一帶所用者相同；如駕以驢馬，亦與北平大車無別，可見中國交通工具二千年來鮮有進步。

18 漢十二支神—寅神

神虎頭人身，製作幼稚。按著中國明器稱十二支神人化始於唐代，蓋未見漢代有十二支神作人像者，今見此器，知其人化漢時已經完成矣。質地泥石，不甚堅緻。高四點三英寸。

19 漢十二支神—戌神

神犬頭人身，質地與寅神同爲泥石。雕刻不佳，嘴部殘，補以黑黝色泥土，知其爲漢代遺物，亦可見當時民間雕刻之幼稚。身着白粉，耳塗紅彩，亦漢代裝飾。高四點一英寸。

20 漢獸頭

獸頭作坐獸狀，蝦蟆口，犬鼻，凸目，高眉，耳如馬而空穴，頭上單角而七旋，背着三翅而蜂尖。魚身空腹，蹲坐扁台上，尾豎立，鳥足而三指。形狀奇奧，姿勢權衡極佳，爲漢代明器中的佳作。土質黝黑，身着白彩，面部塗淺紅粉，脣內塗紅彩，並爲漢代裝飾。高九點八英寸。

21 漢鸚母尊

器作鸚母形，頸背開口，爲灌酒就飲之處，製作粗劣，唯略具鸚母形，合兩半模型爲一器，腹空。土質黝黑，着白紅彩。高六點七英寸。

22 漢豆

器作平常豆形，身大座小。唇下凹紋四環，中飾圓形紋，座飾凹文三環，器底繩紋甚多。土質黝黑。器口徑八英寸。座徑四寸半，高五點七英寸。

23 漢奩

器作平常奩形，土質黝黑，滿身有白紅黃三色配繪花紋，閃艷可觀。器高五點二英寸，蓋徑七寸，底徑二點九英寸。

24 漢壺

壺作平常壺形，身大頸長，上略展，蓋闕，底高而空。土質黝黑，滿身飾白紅黃三色配繪花紋，頗有仰韶畫瓶之遺風。器底亦有繩紋。器高十四寸半。口徑六寸，底徑七寸半。

25 漢壺

壺身大頸長，上略展，蓋略大于口，底短而平。土質黝黑，滿身飾白紅花紋。器高五點九英寸，蓋徑二寸六，底徑寸八。

26 漢釜

器身如鍑，三小足，平底。土質黝黑，着白紅花紋，頗有仰韶瓦甕遺風。器高四點英寸，口徑三寸六，底徑四寸七，足高半寸。

27 漢鼎

器兩耳三足，與漢代銅鼎最相似，製作極佳。土質黝黑，着白黃紅花紋，顏色迷糊，圖案亦難分辨。器高六點七英寸，口徑五寸半，蓋徑七寸，足長三寸半，耳長二寸半。

28 漢奩

奩圓形，底稍縮小而平，三小足，頗似銅鐘乳形。土質白而近朱，燒製堅緻，敲之鏗然，身着淺綠釉，然釉面顏色極不勻，或厚綠如樹葉，或淺綠近黃沙。器高七英寸，口徑八寸，底徑五寸六，足長點六寸。

29 漢磨

器圓形。磨座空腹，面畫直線，唇不作溝形。磨身之底亦畫滿直線，頂有兩耳，耳接穀槽，中半分，各有小孔，備五穀之進磨，土質黝黑色。器高二寸一，磨身徑二寸六，底徑三英寸。

30 漢井

井作長方形，欄作井字，兩端欄上有長方形小穴，疑為搭架之用。牆之四面及欄上並有幾何式之裝飾，或圓或方，與漢磚裝飾頗相似。土質黝黑。器高四英寸，長十寸，闊七寸，上厚九分，下厚六分。

31 漢井

器作長方形，欄不作井字，兩端欄上有圓形小孔。牆之四面並有幾何式裝飾，圓點與直線之配合，中有浮雕，兩端浮雕為八乘騰龍，左右並為二人騎兩馳馬像，製作頗佳。土質黝黑。器高四英寸，長八寸，闊四寸，欄厚一寸，底厚不等皆不及半寸。

32 漢犬舍

舍作長方形，下有扁台，舍頂頗大，作瓦葺形。有門一，無窗，門前小犬一，製作極劣，土質黝黑。器高四點八英寸，舍長二寸七，闊二寸六。門高二寸，闊七分。犬長二寸半。

33—漢台

台作長方形。層蓋亦作瓦葺，較犬舍精緻，有窗一，畫梯而上。土質黝黑。器高九寸半，長四寸四，濶三寸。窗高寸四，濶寸一。

34—漢灶

竈作長方形，竈後有牆，牆上繞以瓦葺，牆內有架。釜失，竈微殘，竈門略作半圓形，無底，竈面橄欖形線紋飾七。土質紅，着淺綠近櫻釉，製作粗劣。器高十二英寸，竈身長九寸，高五寸，濶六寸。穴徑五寸，門濶二寸半，高二寸三。

35—漢囷

囷作長方形，囷蓋頗大，作瓦葺形，前面一窗，不方亦不圓，蓋隨便鑿開者。土質黝黑，着紅粉，製作極劣。高四英寸，頂長五點一，濶三點三；底長三點三，窗濶點八分。

36—漢樓

樓兩層，立於圓盤中，爲樓池模型。樓方形，下層四面各有大環門一，及大小窗若干，窗皆作長方形，前面有小窗，右左兩面各有小窗二及環形一居中，後面有小窗二，居中則爲大窗一，樓內有怪像一，人面人身，鳥翼，魚尾，頗似漢武梁祠石刻像。樓蓋外展，作瓦葺形，四角各以龍頭爲飾，簷下四角亦飾以蛇頭蛇身。上層亦方形，前面長方大門一，門半內開，門畫一人像，其服飾亦似梁武祠刻像，其爲漢器無疑。門上掛扁額，扁面畫滿縱橫直線。背面開門，有長方形窗四。左右兩面，各有長方形窗四居下，及圓形窗一居上。樓蓋亦外展，作瓦葺形，四角以鷄頭爲飾，簷下四角飾同樓下蛇形。頂上部殘，不知以何物爲飾。土質紅灰，着綠釉、製作極佳，狀甚宏偉，最可表現漢代建築之盛。樓高二十一英寸，底徑八寸，下層高十寸，方五寸半，上層高十一寸，方四寸二。

37 六朝女俑

俑立，着長袍，裙下露鞋頭，衣服縐紋頗明顯，兩手捧腹，頭戴圍巾。腹部略前挺，面作微笑。土質黝黑，塗紅粉，單模塑造像扁平，製作頗佳。俑高七英寸半。

38 六朝女俑

俑立，衣短衣，裳下垂及地，鞋頭微露。右手下垂，左手略舉。面作微笑，頭包圍巾。土質黝黑，塗紅粉，單模塑造，像扁平，製作亦佳。高七英寸半。

39 六朝男俑

俑立，衣短衣，濶袖，裳束成兩節，縐紋明顯，上大下小而脚部略展微露鞋頭。兩手捧胸，面呈微笑，結髮於頭頂，髻狀似冠。土質黝黑，塗紅粉，單模塑造，像扁平，製作亦佳。高六英寸半。

40 六朝男俑

俑立，衣濶袖衣，裳束成兩節，縐紋明顯，上大下小漸向下展。裙脚微露鞋頭。右手捧胸，左手下垂於前。面部製作欠精，貌呆板，右耳高而左耳底，戴圓平形冠。土質黝黑，着淺紅及深紅彩。單模塑造，像扁平。俑高七點七英寸。

41 六朝女俑

42 六朝男俑

俑立，戴圍帽，着濶袖袍，兩手下垂。右手有孔不知持何物。衣紅色，裙下微露鞋頭。凸胸鼓腹，面部塗白粉，帽黑色。帽衣制度彷彿洛陽龍門賓陽洞及鞏縣石窟寺等壁上所刻遊行浮雕人物。土質黝黑。高九點四英寸。

43 六朝武士俑

俑立，衣闊袖衣，裳束成兩節，縐紋明顯。兩手下垂右手有孔，不知持何物。面作奇笑，凹目高鼻。束髮於頭上，作兩圓髻，左髻殘缺。土質黝黑，着白紅彩，單模塑造，像扁平。高七英寸半。

44 六朝武士俑

俑立，衣濶袖衣，脚部露鞋頭。兩手捧胸，並持兵器下垂於前。面貌凶惡。戴圓平冠。土質黝黑，塗紅彩，單模塑造，像扁平，技術極劣。高十三點二英寸。

45 六朝武士俑

俑立，身上部裸露，着兩裙，內長外短，裙不蓋脚，纏腰。兩手捧胸，並持兵器下垂於前，豎目揚鬚，束髮於頂，貌極醜凶。土質黝黑，着白紅彩。單模塑造，接四節而成，像扁平，製作粗劣。高十二點二英寸。

45 六朝牛車

車駕以牛。車蓋稍作穹形，而前後略高展。車箱近方形．前有門長方形，後有窓亦長方形。輪在而軸缺，本所配以木軸及車座。土質近櫻色，着白紅色彩。車身高三英寸，長三寸三、濶三寸七。車蓋長五寸八，濶四寸。車柄長十寸，車輪徑三寸。牛高三寸四，長五寸半。

46 六朝馬

馬停立，鞍載貨兩袋，垂於左右，立於長方形台上。頸粗頭細，耳大類驢，有尾。土質黝黑，泥土固凝，貨袋上畫橫斜諸直線、高五點三英寸，長八寸。

47 隋井

井圓形，置圓台上，台上又有八角之台。井口圓，牆亦作八角之形，架跨左右。土質白色。井高四英寸，口徑三寸，架高十二寸半，台徑七寸。

48 唐女俑

俑立方形台上。結髮頭上，分二層，下大上小。面貌極豐圓，唇塗紅粉。衣濶袖長袍，肩上有紅花披子與白色衣別。衣上縐紋極爲明顯。體格肥滿，腰部亦無縮約。兩手捧下腹，裙脚露尖形反鈎鞋頭。其姿勢權衡得宜，爲唐女像最優秀之一種。土質紅色，着白黑紅彩。高十四點五英寸。

49 唐女俑

俑立方形台上。結髮頭上，亦分兩層，上層縱立分爲兩髻。面貌亦極豐圓，唇頰悉塗紅粉。衣闊袖紅衣，白裙下垂及地，縐紋明顯。裙左右開縫，微露足鞋。體格肥滿，腰部無縮約。左手上立一小鳥，右手作指鳥勢，可見小鳥爲當時婦女玩物之一種。着尖頭鞋，其姿勢權衡亦甚佳。土質紅色。高十四點八英寸。

50 唐女俑

俑立長方形台上。結髮於左右耳部，髮中分，髻作桃形。面貌豐圓，雙頰塗白粉。衣濶袖白衣，白裙下垂及地，縐紋明顯。裙左右開縫，微露足鞋。體格亦肥滿，腰部亦無縮約。左手持一方器，不知何物、右手捧胸。着尖頭鞋，其權衡姿勢極佳。土質紅色。高十三點二英寸。

51 唐女俑

俑立扁台上。結髮頭上，下層作穹形，上層平分爲二髻。面貌豐圓，雙頰塗紅粉。衣濶袖白衣，白裙下垂及地，綢紋明顯。裙左右開縫，微露足鞋。體格肥滿，腰部無縮約。右手持物於胸前，物已缺，左手牽裳。鞋頭右圓，左尖，其姿勢權衡得宜。土質紅色。高十三點五英寸。

52 唐女俑

俑立。結髮頭上，雙髻如角聳立。貌頗豐圓，黛眉如柳葉，脂唇似櫻桃。着白衣，袖色深黃，肩上披深黃巾，穿綠裙。兩手捧巾帶於胸前，巾帶下垂過膝。土質白色，着黃白綠釉。高七點七英寸。

53 唐女俑

俑立。結髮頭上，髮髻並塗黑。面部消磨幾盡，惟唇點紅尚存。着綠色衣裙，肩上披黃巾。兩手捧巾帶於腹前，帶下垂過膝。裙下微露鞋頭。土質白色，着黃綠釉。高九點八英寸。

54 唐女俑

俑立。束高髻，頗似歐洲古代頭盔。面作鷄卵形，微笑。着長袍，領寬低及胸部，衣束，裙寬，右肩着披帛，兩端結於左腿上，綢紋明顯。右手牽裙，左手扶披帛。裙下微露鞋頭。土質白色，滿着黃釉，釉俱破裂，作虹色。高十一英寸。

55 唐女俑

俑立。束髮爲兩高髻，平分。頭大，面濶，眉目鼻口之製作，頗似佛像。着長袍，領低及胸，狹袖，寬裙。肩掛披帛，兩端結於胸前。兩手捧一圓器，不知何物。裙脚微露鞋頭，縐紋明顯。土質白色，滿着黃釉，釉俱破裂，作虹色。高十點二英寸。

56 唐女俑

俑立。束髮爲小圓髻於頂，髮髻並塗黑。眉目亦畫成者，塑製頗劣。衣長袍，領底及胸，袖狹，裙長。肩着披帛。披帶向後垂過膝，塗紅粉，兩手捧胸。土質朱近黃色，塗白粉。高十一英寸。

57 唐女俑

俑立。束髮平分，作雙髻於頂，髮髻並塗黑。眉目畫墨，頰唇塗朱。衣長袍，低及胸，袖狹，裙寬。右手持巾，左手捧腹。土質白色，着白粉。高十一英寸。

58 唐女俑

俑立方台上。結髮於後。面貌已磨滅不清，朱唇、墨髮。着紅色衣，尖領及胸，袖狹，裙方過膝。兩手捧腹，脚部不明。土質淺紅色，着白粉，製作不甚佳。高九點九英寸。

59 唐女俑

俑立。束髮爲小圓髻於頂，黑色。面貌清秀，惟化裝均已磨滅。衣長袍，領低，袖狹，裙寬。肩上被披帛，左端帛帶束於胸部，右端下垂將及裙脚。兩手捧腹，腹大作懷孕狀。着高履鞋，鞋頭露出裙脚。土質淺紅色，着白黑紅綠諸彩。高十點二英寸。

60 唐女俑

俑立。束髮作單髻於頂，塗墨，面貌已經磨滅不清。衣長袍，領底及胸，袖短，裙長。被披帛，帛端下垂過膝。兩手捧腹，鞋頭露出裙下。土質白色，着黃欖綠釉。高十英寸。

61 唐女俑

俑立。束髮平分爲雙髻於頭上。貌頗呆板。衣長袍，領低及胸，狹袖，寬裙。被披帛，兩端結於胸前。兩手捧一圓器，不知何物？裙脚微露鞋頭，縐紋明顯。土質白色，滿着黃釉，釉俱破裂。雙模合成，然像作扁平性，頗有六朝人像之遺風。高十英寸。

62 唐樂隊俑

俑坐方台上。束髮如角分髻於頂，塗墨。眉目畫墨，唇頰塗朱。着紅色長袍，領低及胸，袖狹，裙寬。左手琵琶，琴柄依右肩，右手作彈琴勢。土質紅色，塗白紅彩。高七點一英寸。

63 唐樂隊俑

俑坐方台上。束髮及裝飾並與前俑同，惟兩手持笛，口作吹勢。高七點一英寸。

64 唐女俑

俑立。束髮於頭頂，塗墨。面貌極清秀。衣長袍，領低及胸，狹袖，長裙，裙束於胸部，帶前垂過膝。肩被披帛，兩端垂於左右。兩手捧腹。高履鞋頭露出裙下。縐紋精細，塑造極佳。土質白色，着白色釉，作虹色。束裙帶略着紅釉。高八點二英寸。

65 唐男俑

俑立。束髮於頂。着濶袖長袍，頷頗低。面貌柔和，有文人氣韵。兩手握置胸前。袍下露出鞋頭。土質白色，着黃釉及白紅黑諸彩，製作頗工。高八點一英寸。

66—唐男俑

俑立扁台上。束髮平分爲兩髻垂於左右。面貌凶嚴，眉目畫墨，唇頰塗朱。衣狹袖，開領，束於腰，裙僅過膝。着黑靴。兩手略舉作拳擊勢。土質紅色，着白黑紅等彩。高十二英寸。

67—唐男俑

俑立扁台上。束髮，服飾，姿勢、土質等與前俑同。惟滿身黃土凝固，面貌迷糊。右臂土質黝黑，塗白粉，似是董商配接者。高十一點二英寸。

68—唐男俑

俑立高台上，戴高冠。面貌呆板。着高領濶袖衣。裳及地，着高履，頭倒鈎。兩手握置胸前。土質白色，着黃櫻綠白等釉。高二十六英寸。

69—唐男俑

俑立，戴高冠。貌極文雅，眉目清秀。所畫眉目及鬚髯均甚精細，高鼻，朱唇。着闊袖衣，前有長方形補，裳垂及地，鞋頭微露。衣補並着紅黑藍等花紋，筆法精確。兩手相握置胸前。權衡及停立姿勢並美。土質白色，高二十四英寸。

70—唐武俑

俑着甲停立扁台上。頭戴圓盔，下部倒摺。貌頗凶，大目橫頰，墨眼朱唇，甲上花彩多殘毀。兩手作拳擊勢。着黑靴。土質白色，着紅白黑等花彩。高二十一點五英寸。

71 唐武俑

俑立。着獅頭盔甲，盔作獅頭，兩肩亦用獅頭爲飾。貌極凶惡，竪鼻，橫目，濶口，挺胸。右手持一物不知何器，作將擊姿勢，左掌作抵禦姿勢，裳下微露鞋頭，土質白色，着淺黃釉，姿勢極佳。高十三點八英寸。

72 唐武俑

俑立扁台上。全副武裝，頭戴盔，高領，短袖，肩部及胸部並有獅頭裝飾。面貌凶猛，鈎鼻圓目，口略開。右手持一器作將擊姿勢，左掌作抵禦姿勢。脚着戰靴，停立神精，頗可爲武人模範。土質灰色，塗白紅等花彩，製作頗佳。高二十四英寸。

73 唐武俑

俑立圓台上。頭戴便冠，塗墨。面貌凶惡，眉目鬚頰亦塗墨，唇塗朱。披外套，兩袖垂於左右。兩手相握置於胸前，有孔，應接有武器，而器缺。脚着高靴，亦塗墨。土質白色，塗白紅粉。高十點五英寸。

74 唐男俑

俑立。戴風冠，披外套，貌斯文，兩拳置胸前，右上左下。拳上有孔，器缺，不知所持何物。衣長衣，狹袖，裳下微露鞋頭。土質白色，衣塗紅粉，唇抹朱。高十點三英寸。

75 唐男俑

俑立。戴圍冠，衣長袍，兩手捧胸，袖狹。墨畫眉目，唇塗朱。裳下部略作鞋頭花樣。土質白色，着黑白紅綠等彩。

高十點二英寸。

76 唐甲士俑

俑立圓台上。戴盔穿甲着戰靴，兩手並略屈於左右。右手有孔，所持武器已缺。土質白色，着淺黃釉，惟甲紋上有紅色彩，腰帶及靴並有墨筆痕跡。高九點八英寸。

77 唐優伶俑

俑立方形扁台上。戴高冠，着狹袖衣，領開及胸，腰帶束結於前，背負布袋。兩手展開，作表演姿勢，身體亦不停立。脚穿褲着靴。土質白色，着淺黃釉，塗黑白紅等彩。高九點八英寸。

78 唐男俑

俑立。戴風冠，冠巾垂於肩。披外套，兩袖垂於左右。兩手相握置於胸前，有孔。貌有武士氣概。鞋頭微露。土質白色，着黃釉，作虹色。又塗朱墨，色彩多已毀壞。高七點三英寸。

79 唐僕俑

俑立。戴便冠，塗墨。貌頗清秀，朱唇，墨色之眉目及鬚。衣短衣，領開及胸，胸塗紅，狹袖，束帶於腰。左手下垂，右手置胸前。土質白色，着淺黃釉，作虹色。高七點三英寸。

80 唐男俑

俑立方形扁台上。頭束黑巾，作結於後。貌頗慘痛，眉目鬚鬍並以墨筆畫出，唇塗朱。衣短袖衣，領開及腹，束腰。兩手高舉作拳擊狀。胸着高黑靴。土質淺紅，着紅綠淺紅及黑色彩。高十六點九英寸。

81 唐男俑

俑立扁台上。戴圓冠，貌頗凶惡。衣短袖衣，領開及胸，束腰。兩手略舉作拳擊勢。脚着高靴。土質淺紅，着深紅淺紅淺藍及黑色等彩，彩多已掉毀。高十五點二英寸。

82 唐男俑

俑立扁台上。戴便帽，塗墨。貌凶奇，圓目多鬚髯，亦塗墨。着狹袖衣，大領展開及胸，束腰，結帶於前。衣着深黃釉，領褲及右袖並着綠釉。左腰增一圓形，不知爲何物。兩手作禦擊姿勢。靴形不甚清楚。土質白色。高十三英寸。

83 唐男俑

俑立扁台上。戴便冠，塗墨。面貌製作不精，間着淺黃釉，間塗淺紅粉，唇塗朱。着長衣，大領，束腰，着淺黃釉。左手下垂，右手略舉。足鞋並不清楚。土質白色。高十二點九英寸。

84 唐男俑

俑立。戴扁冠。貌文而厲，五官清秀，塑製極佳。着闊袖衣，無領，胸着補。兩手捧胸，袖下垂及膝，袖內塗朱。裳下露鞋頭，塗墨。體材及權衡均極佳。土質白色，滿着淺黃釉，但多已掉毀。高十七點九英寸。

85 唐優伶俑

俑立圓台上。頭纏巾，結束爲胡蝶形於前。貌頗清秀，斜目，高鼻。着狹袖衣，無領，前開及胸下，束腰。頸纏一蛇。左手高舉，右手垂下。衣及蛇着淺綠近黃釉，面頸胸及手塗紅彩。褲及尖鞋並塗白。土質紅色。高十三點二英寸。

86 唐奴俑

俑膝略屈，立扁台上。戴冠。貌極愁苦，面多縐紋。着狹袖衣，束腰。兩手捧於胸。鞋頗長。土質白色，着黃釉。高十點四英寸。

87 唐男俑

俑立。戴高冠。面部製作不甚精細。着闊袖衣。厚領開及胸，束腰。兩手捧於胸，有孔。褲下露鞋頭。土質白色，膝部以上着黃釉，下部本色，或塗朱。高十點一英寸。

88 唐奴俑

俑立圓形扁台上。戴便冠。面貌不甚清晰。着短衣，領開及胸，袖狹而短，束腰。右手屈置胸下，左手下垂。穿褲，鞋。土質白色，着淺黃釉。高六點八英寸。

89 唐女俑

俑坐。結髮於頂，單髻而略斜。眉目清秀。着無領長袍，被披帛。左手置左膝上，右手扶右脚。土質白色，着淺黃釉，範製精細。高五點二英寸。

90 唐奴俑

俑立方形扁台上，台殘。戴便冠，塗墨。眉目畫墨，兩唇塗朱。着短衣，束腰，狹袖。兩手捧於胸。穿黑色尖鞋。土質白色，着白釉，鞋及腰帶塗墨。高九英寸。

91 唐黑奴俑

俑立扁台上。捲髮。面貌不甚清楚，朱唇。上身不着衣，下部穿紅色短褲。兩手作鬥擊姿勢，帶手環。赤足。其姿勢神情與中國人不同。土質白色，滿身黃土凝固。高八點三英寸。

92 唐黑奴俑

俑立於長方形扁台上。髮捲，鼻平，唇厚。上身右肩披布，下部裹巾，並束於腰部。赤足，空拳，肌肉豐滿。身材及一切姿勢，足以表現黑人，及其未開化之生活。中國史書屢有崑崙黑奴之記載，此二俑可爲實物證據矣。土質紅色，塗白紅黑色彩。高九點三英寸。

93 唐胡俑

俑立扁台上。戴高胡帽。胡人面貌，濃眉，凹目，高鼻，多鬚髯，極與西亞亞剌伯人相似。着短衣，無領，胸露開，短袖，束腰，裙僅及膝。兩手舉起，作拳擊姿勢。着高靴。土質淺紅，着紅綠黑及淺紅彩。高十七點五英寸。

94 唐胡俑

俑立於方形扁台上。戴高胡帽。胡人面貌，濃眉，凹目，鼻高而略鈎尤爲顯著，頗似猶太人。着短衣，無領，胸露開，短袖束腰，頗似奴俑服裝。左手下垂，右手屈置胸下。着靴。土質白色，着淺黃釉。高七點六英寸。

95 唐胡俑

俑立於方形扁台上。戴高尖胡帽。胡人面貌，濃眉，凹目，鼻高而鈎。着短衣，狹袖，無領，胸露開，束腰。兩肩懸帶，應是尖帽之附屬品。右手置腹上，左手下垂。着靴，土質黝黑，着白紅彩，掉毀幾盡。高九點五英寸。

96 唐胡俑

俑並足而立。戴高胡帽。面貌亦爲胡人，凹目，鈎鼻多鬚髯。着短衣，狹袖，束腰。左手捧胸，右手持一瓶下垂，瓶形亦似西方器皿。着靴。唐代西人來華，尤以工人及優伶爲最多，以上四種可爲證據。土質黝黑，塗淺色彩，多已掉毀。高十點五英寸。

97 唐馭夫俑

俑立，作趕馭姿勢。戴盔形尖帽。面貌粗大。衣服形狀不詳。手具五指，然短而不狀。腰部及腿上並束帶，帶塗朱。姿勢頗佳，惜製作簡陋，極有漢俑之遺風。土質黝黑，塗白彩。高二十三點五英寸。

98 唐駱駝

空腹，立長方形扁台上，背肉隆起，爲雙峰駝。土質白色，着白淺黃深黃及綠色釉。塑造神情頗佳。高十五點六英寸。

99 唐駱駝

空腹，立長方形扁台上，亦雙峰駝也。兩峰之間，背負貨包，垂於兩邊，貨包兩邊飾以獅頭之像。貨包前後各掛粗索，下垂及腹。鞍上蓋板，前後翹起，各懸水瓶。土質淺紅色，畫墨塗朱，製作裝飾並甚精細，惜頸斷，脚折，台破。板亦毀矣。高二十七英寸。

100 唐馬

空腹，立長方形扁台上。披長巾鞍，神勢雄偉。土質白色。身着淺黃釉，多掉毀。鞍巾塗朱，蓋板及帶索畫墨。口鼻目耳及蹄尾等部亦塗朱。尾斷。高十四英寸。

101 唐馬

空腹，立長方形扁台上。背上掛鞍。土質白色。身着淺黃釉，鞍着釉及黑紅色彩。頸略屈，作前衝勢，神氣極佳。高十一英寸。

102—唐男騎俑

馬立長方形扁台上，空腹。俑右手下垂，左手作持轡勢。土質白色，塗朱，畫墨，製作不甚精巧。高十一點四英寸。

103—唐女騎俑

馬空腹，立長方形扁台上，姿勢極佳。俑坐騎挺直，右手下垂，左手作持轡勢。服飾與唐女俑相同。土質白色，着淺黃，櫻綠等釉。女俑頭部不着釉，畫墨，塗朱。高十七點二英寸。

104—唐女騎俑

馬空腹，立長方形扁台上，作前衝姿勢。俑坐騎挺直，右手下垂，左手持轡於胸前。馬飾頗備，頸毛右垂。土質白色，着淺黃釉，並畫墨塗朱，塑造亦極佳。高十一點四英寸。

105—唐騎象俑

俑形小，雙模合成，製作簡單，略具人騎象而已。據此可知唐代有玩象之戲藝。土質淺紅色，着白黑紅彩。高二點九英寸。

106—唐牛

空腹，停立。肌肉豐滿。兩角已缺。土質白色，着淺黃釉，塗紅彩，製作頗佳。高七點一英寸，長十寸半。

107—唐瓶

瓶細頸，大腹，平底，口略展。頸部凹飾十二圈。兩耳以兩龍頭爲飾。土質白色，上部着白釉，製作頗佳。高十六點一英寸，口徑三寸四，底徑三寸六。

108 唐甕

甕大腹，短頸，大蓋，高底。土質白色，着白釉，釉已綿裂，製作頗工。高八點二英寸，蓋徑四寸七，底徑亦四寸七。

109 唐燭台

台圓形，燭座頗大，燭糟二，上小下大，底高而下展，手持處凹紋凡十圈。土質白色，着白釉，釉已綿裂。製作頗佳。高八點九英寸，座徑寸八，大糟徑七寸半，底徑三寸九。

110 唐壺

壺大腹，小口，短頸，平底。土質淺紅色。上部着黃綠櫻等釉，下部本色。高十點一英寸，口徑二寸半，底徑三寸半。

111 唐灶及釜

灶圓形，前爲灶門於下，邊有三圓孔，以透氣，高底。灶配一釜，與漢釜形式相似，無蓋。土質淺紅色，着綠釉。高三點五英寸，釜口徑寸四，門高八分，底徑寸二。

112 唐豆

豆高底下展，身圓而淺。土質淺紅，身着黃櫻綠等釉，底本色。高三點三英寸，口徑五寸半，底徑三寸九。

113 唐武士俑

俑雄立一牛上，右足置頭上，左足立背上，牛伏地。俑頭戴盔，面貌凶猛，竪眉圓目，鬚髯頗多。全身着甲，高領，短袖，脚着戰靴。右手高舉，左手插腰。土質白色，着白黃櫻綠等釉。頸部及右拳無釉，唇塗朱，眉目鬚髯畫墨。高十六點五英寸。

114—唐武士俑

俑雄立鬼身上。鬼臥一高台上，台之前面左右有孔。俑右足踏鬼頭，左足置鬼腹上。鬼之四肢並朝天，作奮鬥狀。俑頭戴鳳盔，鳳之尾及雙翼並直豎；額頂及左右並有翼類之裝飾。面貌凶猛，厚眉凸目，高鼻闊口，頸比頭粗大。全副甲冑，神情英偉。甲高領，肩以獅頭爲飾。濶胸圓腹，兩手作抵禦姿勢。土質紅色，塗白紅黑等彩。高二十三點七英寸。

115—唐魌頭

魌頭蹲坐一高台上。獅子頭，眉上生二角，髮上竪，高于兩角。肩上生兩翅。手作鳥蹄形，右手高舉，左手按台，環纏一蛇，蛇頭向上，蛇尾橫于台前。土質紅色，着白色彩。高十四點五英寸。

116—唐魌頭

魌頭蹲坐台上。人面，頭生一角，耳大如翼，鬚髯頗多。肩上兩翅，兩手並置台上，掌作牛蹄形。土質白色，頭部塗黑紅彩，身着白黃櫻綠釉。高十五點二英寸。

117—唐魌頭

魌頭蹲坐高台上。頭如虎，生三角，並殘，角中生一珠，耳後髮直竪，下至於頸。肩上生兩翅，獸身，牛脚。狀極凶怪。土質白色，着白黃楔綠釉，釉法極亂。現高十二點七英寸。

118 唐魌頭

魌頭蹲坐一馬蹄形扁台上。頭部及身體頗似獅子，惟背脊上有五峰，前兩脚似牛，肩上又有人頭爲飾。土質白色，着白黑紅彩，空腹，製作頗佳。高十英寸。

119 唐魌頭

魌頭蹲坐一馬蹄形扁台上，中有孔。魌頭身頭似虎，張牙吐舌，作狂嘯狀。眉上生兩角，背脊生三峰。肩上生兩翅，蹄似牛，尾置左背上，土質或白或黝黑，塗白黑紅彩，製作頗佳。高十三點八英寸。

120 唐十二支神—子神

神鼠頭人身。着長袍，兩手捧胸。土質紅色，塗白紅黑等彩。高七點八英寸。

121 唐十二支神—丑神

神牛頭人身。着長袍，兩手捧胸。土質紅色，塗白紅黑等彩。高七點九英寸。

122 唐十二支神—寅神

神虎頭人身。着長袍，兩手捧胸。土質紅色，塗白紅黑等彩。高七點九英寸。

123 唐十二支神—卯神

神兎頭人身。着長袍，兩手捧胸。土質紅色，塗白紅黑等彩。高八英寸。

124 唐十二支神—辰神

125 唐十二支神—巳神

神龍頭人身。着長袍，兩手捧胸。土質紅色，塗白紅黑等彩。高八點二英寸。

126 唐十二支神—午神

神蛇頭人身。着長袍，兩手捧胸。土質紅色，塗白紅黑等彩。高八點一英寸。

神馬頭人身。着長袍，兩手捧胸。土質紅色，塗白紅黑等彩。高八點三英寸。

127 唐十二支神—未神

神羊頭人身。着長袍，兩手捧胸。土質紅色，塗白紅黑等彩。高七點九英寸。

128 唐十二支神—申神

神猴頭人身。着長袍，兩手捧胸。土質紅色，塗白紅黑等彩。高八點一英寸。

129 唐十二支神—酉神

神鷄頭人身。着長袍，兩手捧胸。土質紅色，塗白紅黑等彩。高八點二英寸。

130 唐十二支神—戌神

神犬頭人身。着長袍，兩手捧胸。土質紅色，塗白紅黑等彩。高八英寸。

131 唐十二支神—亥神

神猪頭人身。着長袍，兩手捧胸。土質紅色，塗白紅黑等彩。高八點二英寸。

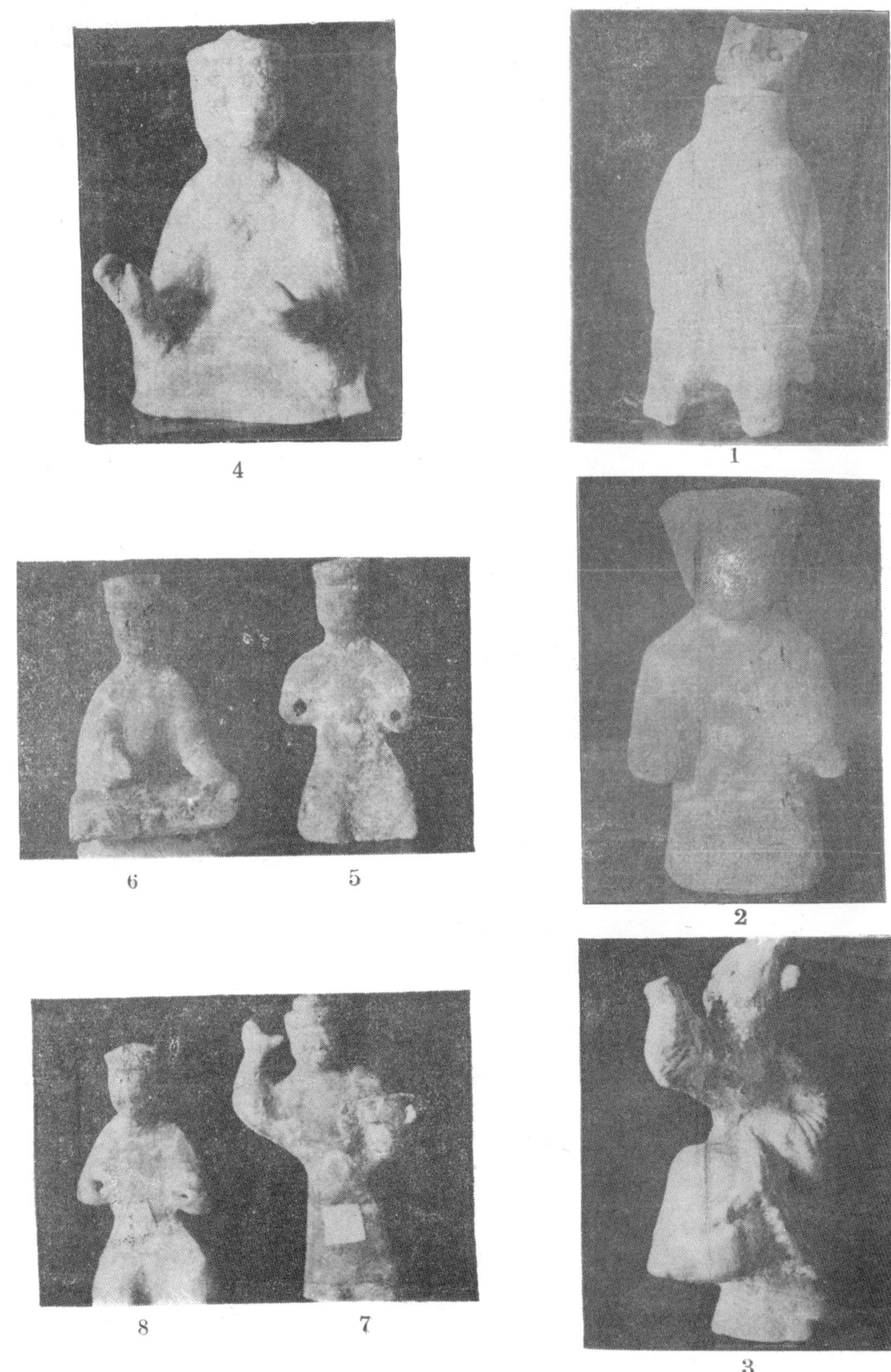

14

10　9

15

11　12

16

13

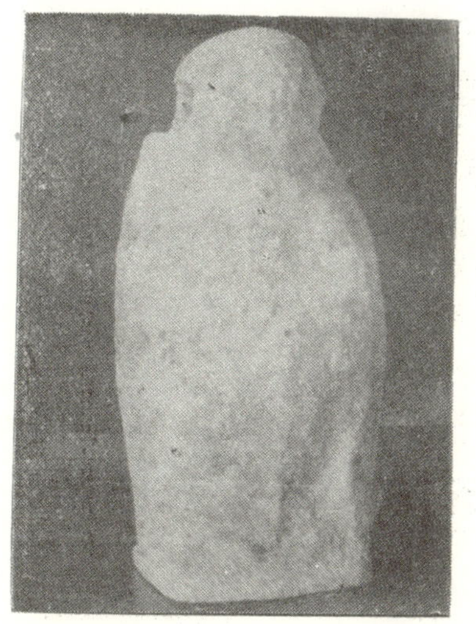

21

17

22

18 19

23

20

27

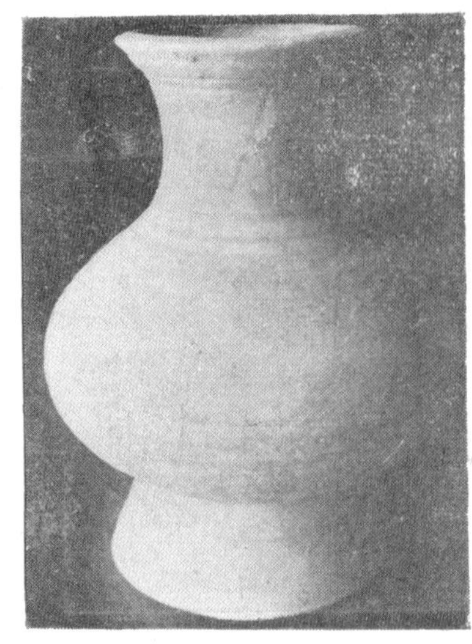

24

28

25

29

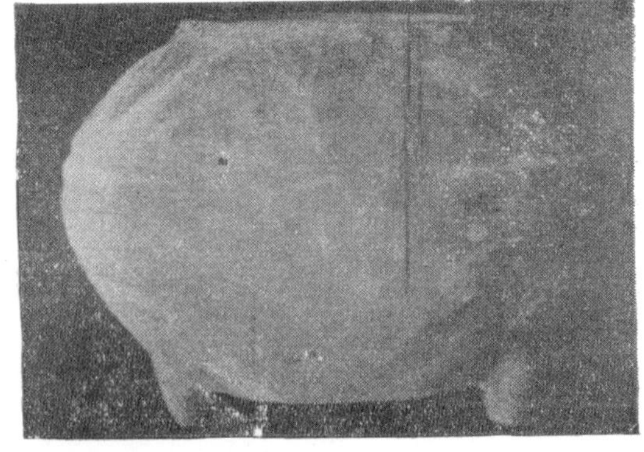

26

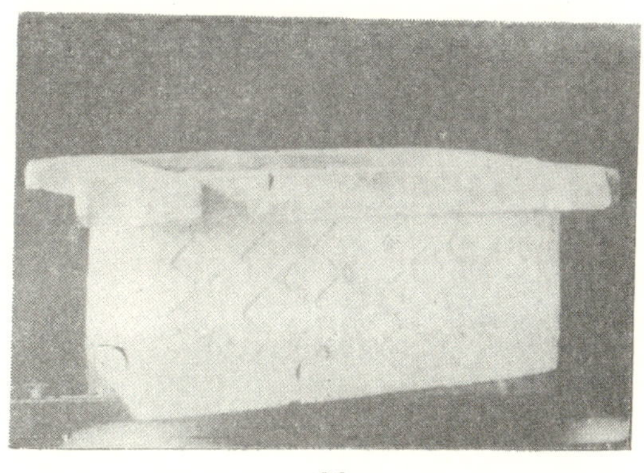

30

31

32

33

34

35

42　41

36

44　43

38　37

45

40　39

46

47

48

49

51　50

53　52

61 60

55 54

62 63

57 56

64 65

59 58

67 66

69 68

70

71

72

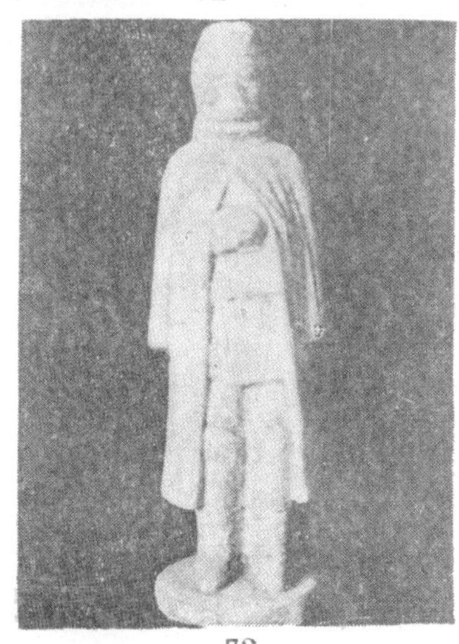

73

75 74

77 76

79 78

81 80

83 82

85 84

92

93

94

87 86

89 88

90 91

95 96

97

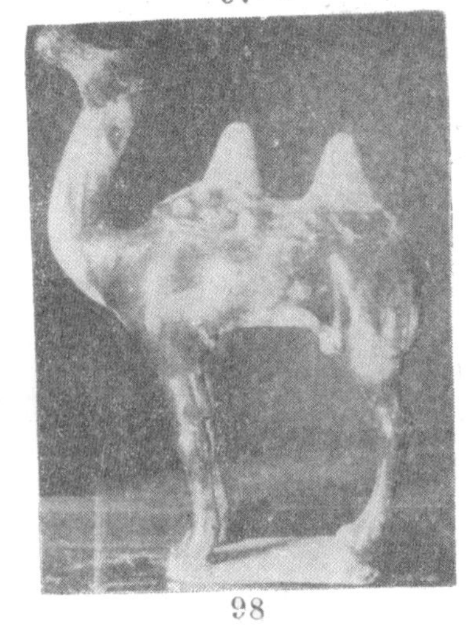
98

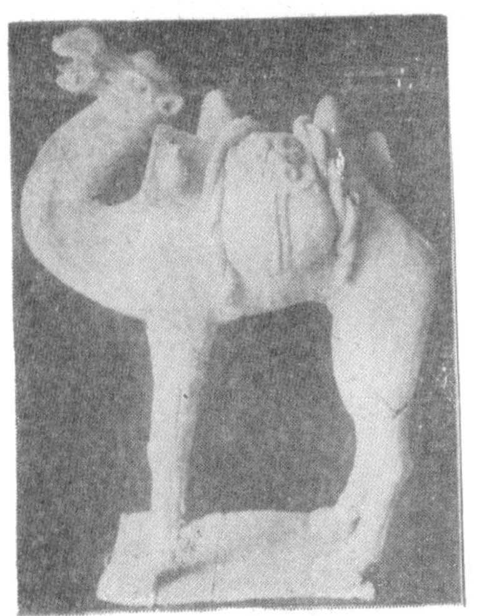
99

100

101

102

103

104

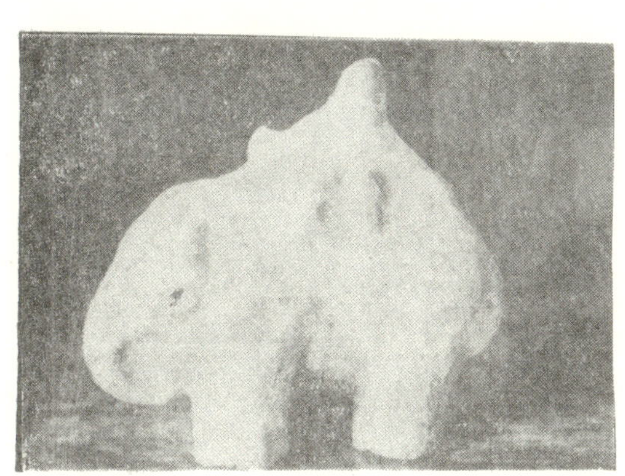
105

106

107

111

112

113

108

109

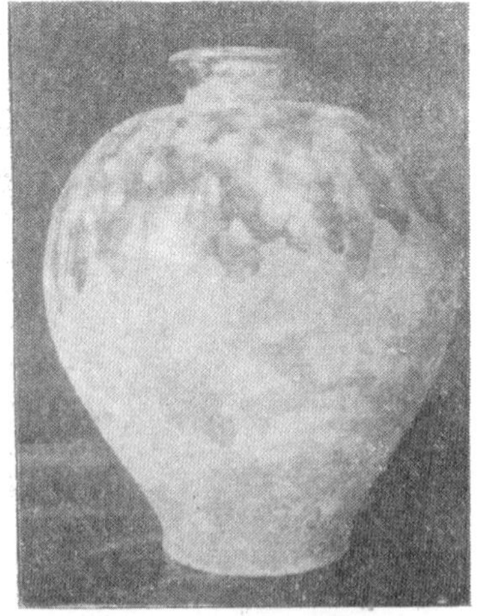
110

114

115

116

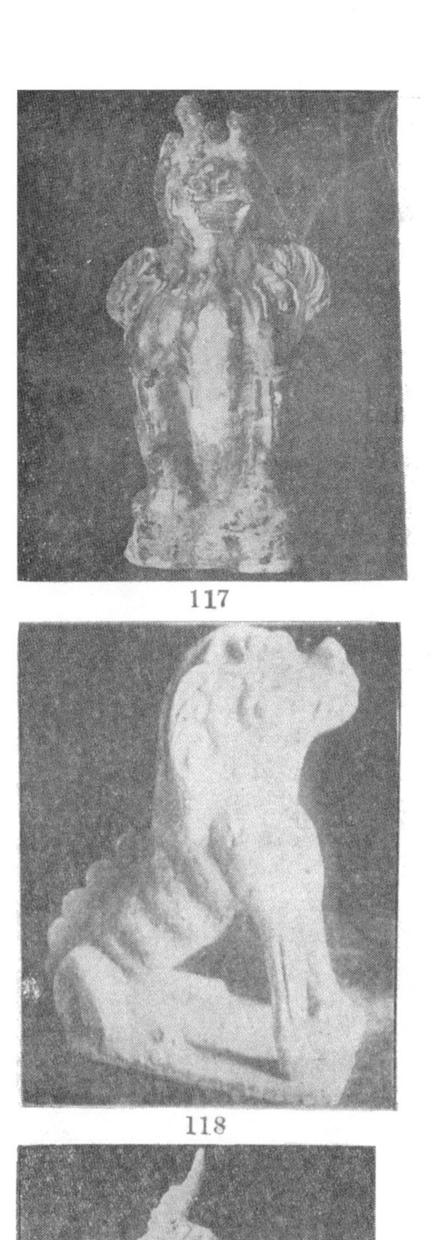

117

118

119

121　120

123　122

125　124

127　126

129　128

131　130

定價六角

廈門大學語言學系出版書籍

主編　周辨明

Publications of the Department of Linguistics University of Amoy

Edited by Prof. CHIU BIEN-MING, Dr. Phil.

國語羅馬字法式說明 The Quoyu Romatzyh System. 定價 $0.40

前驅國語羅馬字讀本 Tsyanchv Quoyu Romatzyh Reader. $0.25

國語羅馬字標準國語教本 The Standard Quoyu Manual. $0.30

半周鑰筆索引法說明　周辨明著 The Key-Stroke System for Indexing Chinese By Chiu Bien-ming. $0.20

半周鑰筆國音字彙及電報書　周辨明編 A Quoyu Pronouncing Dictionary and Cipher Code. By Chiu Bien-ming. . . (排印中 *In press*)

國語廈語注音漢英對譯辭典　周辨明編 A Chinese-English Dictionary, with Quoyu and Hagu Pronunciations. By Chiu Bien-ming. (編輯中 *In preparation*)

半周鑰筆索引法編排說文解字（附註古音）周辨明撰 A Key-Stroke Index to the *Shuo Wen*. By Chiu Bien-ming. (編輯中 *In preparation*)

英語口授法課本 Lessons in English by the Oral Method $1.00

基本德文科學文（德漢對照）Deutsches Lesebuch fur Wissenschaftler mit chinesischen Uebersetzungen. (編輯中)

萬國通語論　周辨明編譯（商務出版）The Problem of an International Language. Translated by Chiu Bien-ming. $0.50

廈語音韻聲調之構造與性質（英文本）周辨明著 The Phonetic Structure and Tone Behaviour in Hagu (*Reprint*). By Chiu Bien-ming. $0.50